偏差値29の私が東大に合格した
超独学勉強法

杉山奈津

JN283925

角川SSC新書

はじめに

私の高校は、東京、横浜、その他の県にも幾つか姉妹校を持つミッション系の女子高で、東京で学校の名前を出すと「じゃあ、頭いいんだね」と言われることもありました。でも、そのイメージはほとんど東京校の生徒の功績により作られたものです。私が通っていた方の高校の進学事情は、東大に入る生徒は2年に1人いるかいないか、という程度。

そもそも私の住んでいた街には、駿台も河合も代ゼミもなかったのですから……予備校も商売なので、あまりいい大学の合格者が出そうにないところより、たくさん実績が得られる土地に建てるでしょう。この地域から東大を受ける人は少なく、東大模試もなぜか商工会議所の一部屋を借りて行われました。

そして、**私は高3まで大学に行かないつもりでいました。** みんなが受験を意識し始める高2の時期、学校内で理系コース、文系コース、国立系、私立系にクラスが分けられましたが、当時の私が選択したのは「芸術コース」。みんなが必死に勉強している時期に、我関せず、とのん気に絵を描いていたのです。**私は、補習にはひっかかり、成績は1学年180人のうち160位あたりをウロウロし、遅刻回数は学年でトップ、ヤル気もない、い**

わゆる典型的「劣等生」でした。さらに、中学からうつ病を患（わずら）っていて、何もしたくないときが多くありました。

そんな私がなぜ東大を目指すことになったのか？

「出版社がある東京に行って、医療啓発の本を書きたい」。それが当時、私が唯一やりたかったことでした。うつ病があまりにもひどかったので、もし同じように苦しんでいる人たちがたくさんいるのなら、少しでも減らすことができないかと考えたのです。

でも、その夢を現実に落とし込み「東京で暮らすための仕事、給料、家賃や生活費、本を書くための時間」などを考えてみると、「朝から晩まで働いて、はたして本を書く時間が取れるのか？」という悩みが生まれました。そのとき初めて「大学に行ったらどうだろう」という選択肢が出てきたのです。

母親に相談してみると、「大学に行くなら、生活費を出してもいい。ただし、地元以外なら国立に限る」という返答をもらいました。「大学に行くなら、薬学部がいい。薬剤師免許があったら給料もよくなって本を書く時間が取れる。医療の知識も身につくし、うつに関しての勉強もできる」。そう思い、東京で、国立で、薬学部がある学校を探してみると……。

選択肢はたった1つ！　東大だけだったのです。

そんなわけで、私は高3から受験勉強を始め、東大の理科Ⅱ類を目指すことになりました。しかし教師に「東大に行きます」と伝えても反対の嵐（それまでの状態を考えると当たり前かもしれませんが）。また、国立理系を志望する生徒数が1クラスにも満たないため、他のコースの生徒と混ざってクラスを編成しており、おかげで学校は「少ない理系より文系に力を入れよう」という態勢をとっていました。3大予備校が見放している土地で、学校までも理系には向かないところでした。

さらに、安易に芸術コースを選んだことが災いし、国立理系コースにあった「数学B、Ⅲ、C、生物Ⅱ、化学Ⅱ」と、（センターで使うための）「現代社会」の**6科目を学校で教わることができませんでした。試験に必要なので、仕方なく独学で勉強することになりました。**また、芸術コースで教わっていた数学は基本知識だけだったので、国立理系コースの受験用数学とは全くレベルが違っていました。

そんな受験生の中でも底辺からのスタートで始めた勉強は、艱難辛苦（かんなんしんく）の連続でした。模試を受ければ、東大は勿論、比較的入りやすいと言われる薬学系大学、ついでに書いた近所の大学でさえいつも最低のE判定で、偏差値は目も当てられないくらいひどいものばかり。おまけに、**理系を志望しているのに、数学で「偏差値29」を取ったのです。**

「こんな偏差値あるんだ！」

と自分でも衝撃でした（30台は何回か取りましたが……）。しかも、高3の秋に、ですよ。

みんなより出遅れているのになかなか成績を上げられず、低い偏差値でぐずぐずしている人間が、他の人と同じように勉強していて東大に受かるわけがありません。そこで、

「勉強法を根本的に見直してみよう」

という考えに至ったのです。日頃からできる限りラクをしたい性格だったので、殊に嫌いな勉強に関しては、

「なんとか最小限の努力で最大限の効果を出せないものか」

と、精一杯考えました。すると、びっくりするほど成績が上がっていったのです。

「勉強法を変えるだけでこんなにも違うのか」

と感動さえしました。

そして、最終的に1年間の浪人はしたものの、無事東大に受かることができました。高3の最後に受けた模試から、数学以外の教科は現役時に合格ラインに達している様子だっ

たので、浪人時代の前半はあまり勉強しておらず、実質1年半の受験勉強になります。また、**予備校は効率が悪いと思い一切通わず、全て独学で勉強しました**（理由は後で詳しく述べます）。

たまに「そんな状況で受かるなんて、もともと頭が良かったんじゃないか？」と言われることがあります。個人的にはそう思われていたら嬉しいですが、実際、私はそこそこの高校で、ちゃんとテスト勉強をしたうえで、ビリから20位を取っていたような人間です。必死に勉強していたのに、偏差値29や、30台を取っていたのです。もともと頭が良かったら、そんな悲しい思いをすることもなく最初からどんどん成績が伸びていたはずです（こうやって自分の頭の悪さを主張していることも悲しいですが……）。人より頭は良くないけれど、人より要領よく（言い換えればラクをして）合格したいという気持ちは強かったと思います。だから、徹底的に無駄を省こうと考えたのです。

実際、頭の良し悪しに関係なく、この勉強法は誰にでも効果を表しました。大学時代の友人の話になりますが、「第二外国語で23点を取り追試、さらに前回落とした無機化学の試験の単位を落とすと進級ができない」という窮地に陥って（おちい）いた人がいました。それは大変だと思い、「どうやって勉強している？」と聞けば、やはり、ものすごく効率が悪い……そこで、「騙されたと思って試してみて」と、可能な限り私の勉強法を伝え、その通りにやってもらいました。すると、23点だった外国語も合格、苦手だった無機も良（65点以上）が取れたというのです。友人は「化学系で良以上取れたのは初めてだ」と、かなり喜んでいました。また、家庭教師のバイトをした際も、最初に「勉強」ではなく「勉強法」を教えたのですが、期末テストをはさんだ2週間後に会ったとき、学校のテストの点数が飛躍的に上がっていたのです。

このとき、**勉強はやはりやり方次第だということ、そして自分の勉強法は他人にも有効だと確信しました（意外に即効性があることも！）**。

また、これは受験だけではなく、他の試験、勉強の際にも使える、一生モノの勉強法だと思います。東大は入学してから2年間の試験の平均点で、3年生からの学部を選べる制度をとっています。薬学部は人気が高いにもかかわらず理Ⅰと理Ⅱ合わせて80人しかとらないため、毎年倍率が高く、私の年は最低点でも83点必要でした。80点以上を取ると優がもらえますから、ほぼオール優の成績でなくてはいけないという……それでも私は無事、薬学部に行くことができましたし、同時に理系から文転して法学部（文Ⅰ）や経済学部（文Ⅱ）にも入れるくらいの点数が取れました。

偏差値で29を取っていた劣等生の自分が、東大生の中でも良い点数を取れるようになったのは、ひとえに効率のよい勉強法を確立したおかげだと思います。高校時代は、予備校や進学校で受験に関するコツを教えてくれていたかもしれませんが、大学の講義では誰も指導してくれません。だから横一列に並んだとき、独学で勉強法を確立していたことが強みになったのでしょう。

人生の中で、大学受験はたった一度しかないものです。冬の空の下、大学の合格発表を見に行く自分を想像してみて下さい。あなたは泣いているでしょうか、それとも笑っているでしょうか？　笑顔の自分をイメージするのに、今のままの勉強法で大丈夫だと言えるでしょうか？

より合格を確実にするために、ぜひ、この本を読んでみて下さい。私はかなり遅い時期に受験しようと決意したこと、病気のこと、学校で習っていないため独学で勉強しなくてはならない科目がやたら多かったことなどにより、人より多くの障害が存在しました。そんな私でも、東大受験を乗り越えられたのです。この本ではそのノウハウを伝えるべく、私が実行していた方法に加え、東大の友人にも話を聞き、共通点が多いと思ったものも掲載しました。オーソドックスと言えるものもありますが、受験で成功するために皆が行っていたこと、とも言えます。**勉強で大切なのは、効率のよい「やり方」を身につけることです。**

さらに子どもに対し「どう接すれば成績が伸びるのか？　逆に下がってしまうのか？」という、**受験の協力者であるご両親の目線から気をつけるべきことも、科学的論拠に基づいたうえで掲載してあります。**

もしもあなたの成績が伸び悩んでいて、なかなか周囲と差がつかず、「偏差値を上げるにはどうしたらいいんだろう？」と頭を抱えているなら、この本の勉強法を読んで、ぜひ実行してみて下さい。

合格発表の日、笑っているあなたが見られるよう、お手伝いできたらと心から願っています。

目次

第2章 偏差値が必ず上がる東大流勉強法 61

第5章 合格する人の学習時間管理術 151

第1章　無駄は徹底的に排除せよ

1　グッドを捨て、ベストを選べ！

「学校の勉強、宿題や中間試験はきちんとやるべきものである」

大半の生徒や親はそれを常識と捉えています。受験期も例外ではなく、懸命に受験勉強と学校の勉強を両立しようと努力します。確かに、学校の勉強を頑張るのは「グッド＝良いこと」なのは疑いようもありません。しかし、受験期は試験日までの時間が制限されていること、ここが重要ポイントです。

時間が限られているときは、最優先して行うべきことをきちんと選択・決断していかないと、全てにおいて結果が出せず、中途半端に終わってしまう最悪の事態になりかねません。

中学のとき、成績優秀な友人がいたのですが、学校のテストの結果が大幅に下がったと泣いていたことがありました。「好きなバンドのライブに行ったので勉強ができなかった、行かなければよかった」と。ライブは明らかに勉強にとって邪魔になるものですが、実際、これと同じ次元で、「学校の勉強をしていたから、受験に失敗する」こともあるのです。

スティーブン・R・コヴィーの『7つの習慣　最優先事項』（時間の使い方について書かれたベストセラー、キングベアー出版）では、「最良の敵は悪でなく良である」と表しています。何を言っているのか？　と思うでしょうが、つまり**「人は時間の無駄使いだと思う行為は簡単に削れても、有意義だと思うものは削るのが難しい。もし最優先で達成したい分野で結果を出したいなら、良いと思う行為を削れるかどうかが鍵となる」**ということです。

受験を妨げる悪、例えば先ほど挙げたバンドのライブ、漫画やテレビの時間を削るのは比較的容易ですが、良いと思われている「学校の勉強」を削るのはなかなか難しいでしょう。でも、もし自分の最優先するものが受験で、そこでちゃんとした「結果」を残したいのなら、学校のために使う時間を見直す必要も出てくるのです。

もしも中間テストの点数が悪かったら一時的なショックは受けるかもしれませんが、きっと1年後には覚えていないくらい近視眼的なものでしょう。少なくとも受験ほどダイレクトに自分の将来に影響してこないだろう、と思います。なぜなら、入った学部により、選べる職業も全く変わってきますし、就職の面接などで「どこの大学に行ったか？」を聞かれることは多々あっても、

「高校の中間テストがどうだったか？」

なんて聞かれることなどないからです。

学校の成績が悪くて先生に怒られる心配、悔しい、悲しいという一時的な感情と、志望大学に合格して「やりたいことをやる」という長期的な目標と、どちらを優先すべきか比較してみてください。

日産の改革者であるカルロス・ゴーンも「**優先順位の低いことをいくら上手にやってもそれは時間、労力、才能、資源のムダ**」と言っています。

実際、私の高校時代は最後まで劣等生のままでした。東大医学部の知人も、授業中は寝ていて夜に勉強していたので学校内ではそんなに成績が良くなかったと言っていました。他にも、学校で最も成績が良かった子が大学に落ち、合格は難しいと言われていた自分が受かった、という友人がいます。

受験勉強は学校の勉強の応用であり、重なっているところが多くあります。学校を削ったからといってどん底まで悪い事態にはならないと思うので、もし両立できずに困っているなら、「学校の勉強はきちんとやるべきものである」という考えを自分の常識からはずしてみて下さい。

2　勉強は「質」×「量」である！

私が見つけた絶対的な法則は、**勉強を公式で表すならば「質」×「量」ということ。**

「量」はそのまま「何時間勉強したか」ということで、適切な勉強法、効率のよさなどが「質」です。また、体調がいいか、眠気はないか、やる気があるか、ということは質に影響を与えます。

「授業も真面目に聞いて、ちゃんと勉強しているのに成績が上がらない」という人をよく見かけます。そういう人は「量」ではなく「質」に問題があると思って間違いありません。勉強のやり方を一度見直してみた方がいいでしょう。

逆に、勉強していないわりに、良い成績を取る人がいますが、そういう人は勉強の質が高いのです。そういう人に、どうやって勉強しているかを聞いてみるのは参考になります。

かけた費用に対してどれくらいの効果があるかを指す「費用対効果」という言葉がありますね。家電量販店の売り場に電子辞書が２つ並んでいて、両方同じ２万円だったら、より良い機能がついている方を買うでしょう。できるだけ低い値段で質の高いものを手に入れることで、生活も、財布の中身も、心も豊かになります。

同様にして、**勉強では、「時間対効果」が成績アップの鍵になります。**全く同じ時間を使うのならば、できるだけ質の高い勉強をした方が点数が増えていく、という考え方です。

志望校に受かるのに合計5の知識が必要だったとして、2年間の期間があるのなら、勉強の質を3まで上げれば、3×2年＝6で合格できます。質が2しかないと、2×2年＝4の知識で、もう1年必要になります。私は、高3から受験勉強を始めたために時間が足りなかったので、この「質を上げる」ことに注目しました。短時間でいかに効率よく勉強し効果をあげるかが合否を決めることになります。

自分に合った勉強法を考えて効率よく点を取ろうと努めた結果、比較的短時間の勉強で東大に合格できました。もし私が効率を考えず、ただやみくもに勉強していただけなら、合格するのにもっと時間がかかったのではないかと思います。

3　授業「中」もうまく活用せよ！

私は高校の事情にそれほど詳しくありませんが、東大生の中では、「筑波大附属駒場高校は学校の授業を聞いていれば東大に受かるけれど、それ以外は、開成でも授業を聞くより自分で勉強すべき」

などと言われているそうです。

学校の授業による「受験」勉強は、志望大学の出題方法に沿っていない、内容が薄くて効率が悪いなど、自分にとって時間対効果が低いものもたくさんあります。

「授業は真面目に聞くべき」という考えを全て否定するわけではありませんが、**自分の勉強の効率、受験までの時間、授業のクオリティ等々を考慮に入れたうえで、他人に迷惑をかけないなら「授業は聞かなくてもよい」と私は思っています。**

私の学校では、まず問題集の解答冊子を没収し→問題を解くのは宿題→授業中指名された人が解答を黒板に書いて→ようやく答え合わせ、というパターンが非常に多かったです。

この授業のデメリットを挙げなさいと言われたら、「基本的な問題は解答冊子を見て暗記した方が早い」「解答欄にも大切な補足がたくさん書いてあるのに読めない」「黒板に答えを書くのは紙に比べ時間がかかる」「他の生徒が黒板に書いている間の時間が無駄」「黒板の答えが間違っていたらさらに直すのに時間がかかる」「自分がわからなかった問題は解法を全てノートに書き写す事務的な作業が必要」「その作業の間に次の問題に進まれるとペースが狂う」と、一瞬で山のように思いつきます。

解答冊子を集めなければ、解いたその後にすぐ自分で答え合わせができるわけですから、どんどん進められますし、すぐ復習できる点でも有効です。宿題で答え合わせまで終え、授業でわからない箇所を先生に聞く、という内容にした方が断然効率がいい気がします。私は、書店で同じ問題集を買って、解答冊子を手に入れて授業を受けていました。その問題集自体、自分はやる必要がないものだと感じたなら、指されたときだけ周囲の生徒に答えを教えてもらうのもよいでしょう。

まずは、授業の存在意義を考えてみて下さい。高1と高3ではまた違ってくるかとも思いますが、授業の中で、自分がそのとき、最も優先すべき意義は何でしょうか？　高校はもう義務教育ではなく、自主的に勉強をしに行く場所です。生徒が「自分に必要ない」と判断して聞いていないなら、リスクを負うのもまた生徒自身なので、先生が怒るのには違和感を覚えます。

生徒側も、何も考えずに「授業は真面目に聞くのが正しい」というステレオタイプの考えを固持するのでは、ただ受け身なだけに感じます。聞いた方がよいか、聞かないで内職する方がよいか、自分で考えて選択すべきです。

……というわけで、私はほとんどの授業で内職していました。しかし教師側も（手抜きならまだしも）頑張って工夫をこらし用意していた授業を生徒が聞いていないとわかれば嫌な思い、悲しい思いをします。また、授業中に堂々と内職していると、揉めたり後から呼び出されたり面倒なことも出てくるので、こっそりとやるに越したことはありません。

例えば生物で英語の単語帳を出しているとあからさまですが、生物の参考書を出していたところで、勉強熱心な生徒に見られるくらいで特に問題はないでしょう。**内職には教科書か参考書を使う勉強が最適かな、と思います。**

注意すべきは出席日数です。私の高校は授業回数の３分の１以上休むと単位を落とすと言われました。留年になると肝心の卒業ができないので気をつけて下さい。

4　成績を上げたいなら伸びしろが多いものから手をつけろ！

私たちは勉強を始める際、まず好きなものや得意なものから手をつけて、嫌いなものや苦手なものは後回しにしてしまいがちです。得意な科目では、問題を解けばどんどん進んでいくため「今日は随分勉強したぞ！」という達成感が比較的容易に得られます。**しかし、勉強を進めることと、成績がアップすることは必ずしも結びつかないので注意が必要です。**

普段40点しか取れない科目を60点まで上げることは、比較的簡単です。対して、80点のものを95点まで上げるには、重箱の隅をつつくような知識まで網羅しなくてはならないため、かなり困難な作業になり、当然時間も相当かかります。にもかかわらず、合計点で考えれば前者の方は20点アップ、後者の方は15点アップで、前者の方が合計点を上げてくれるのです。

成績は、どれだけ時間をかけてがむしゃらにやったかではなく、いかに効率よく勉強したかで決まります。「受験は全科目の合計点で競う」ということを常に念頭に置いておきましょう。日頃から80点も取れる得意科目はずんずん前に進めることはできても、まだ充分上がりきっていない伸びしろがたくさんある苦手科目と比べると、テストの結果として生み出せる点数は、微々たるものなのです。

40点しか取れないということは、基礎ができていないということ。そのため基礎ができているライバルたちと差がついてしまうのですが、逆に言えば、基礎を押さえればすぐに差は埋まります。

一方、80点も取れるということは、既に基礎は固まっており、マイナーな知識で点数を争っているということです。そのため、たくさん勉強しても差はつきにくくなります。

どれだけ進められるかという物差しではなく、どれだけ合計点を上げられるかという物差しで、全体の点数の調整まで視野を広げてみましょう。

そうすれば、**基礎ができていない科目の順に時間を割くのが上策だとわかります。40点の科目が60点になったら、別の50点の科目を70点に。それが済んだら、55点の科目を……といった具合に、徐々に基礎から固めていくことが、偏差値を上げる近道です。**

5 「書き写す行為」は無駄の極み

私の学校では、古文の授業の際、「まずノートに教科書の文章を丸写しして、助詞・助動詞で区切り、わからない単語の横に意味を書きなさい」という宿題が毎回出されました。文法で区切る作業と、横に意味を書き文章を通して読んでみるという行為は古文を理解していくうえで非常に効果的だと感じていました。

が、本文を書き写すのは、ただの事務作業ですよね。古典の文章のリズム感をつかむ練習になるかもしれませんが、だったら声を出して読めばいいし、早く終わります。**「ただ書き写す」という作業は、効果に対して時間と手間と労力がかかりすぎるのです。**「いっそ教科書にそのまま書き込んでしまおうか」とも考えましたが、それをするとまっさらな状態のままの文章を後から見直せなくなってしまいます。

そこで、教科書の文章をコピーしたものをノートに貼り付けるという方法をとりました。さらに、実際の文字より拡大し、行間を大きくして横に文字を書き込みやすいようにしました。

この方法は、「英語の教科書の文をノートに写してこい」などその他の教科の宿題にも有効活用されました。限られた時間の中、同じ「時間を使う」なら、単に写すだけの事務作業なんかより、問題を解く、単語を覚えるというような、わかりやすく成果が出る作業をしたいものです。

ここで「皆はちゃんと写しているのに！」と反感を覚えてしまう人は、「学校の勉強はきちんとやるべき」というこだわりから抜け出せていない人です。確かに、先生に言われた通りに時間をかけてノートに手書きで写している横で、コピーしたものをノートにペタッと貼って一瞬で終わらせている人間がいたらズルいと感じるかもしれません。でもそういう**一般に「ズルい」とされる点こそが、受験で合否を決める重要ポイントであり、ビッグチャンスになるのです。**

なぜなら、大半の生徒が「学校の勉強をちゃんとやろう！」という観念を持ってくれているからこそ、そうは思わない生徒は他の人に比べ受験勉強の方に多くの時間を割けて、結果、大きな差をつけることが出来るからです。

受験は大多数の他人との競争です。皆と同じことをしていたのでは、たいした違いは生まれないでしょう。

6　ノートは、まとめてはいけない！

授業中とったノート、教科書、参考書で覚えるものがたくさんたまってきたとき、頭の中がゴチャゴチャするので重要箇所だけをピックアップしてノートにまとめる作業、やったことがないでしょうか？

はっきり言って、これはとんでもなく非生産的な作業です。

まず、ノートをまとめるには莫大な時間を必要とします。にもかかわらず、それはアウトプットでもインプットでもない、単なる「字を写す」という事務作業なのです。語句を写しているとき、頭の中の大半は「重要なポイントはどれか」「見やすくまとめるにはどう書くか」なんてことに気を取られています。そのため、**書き写しながら暗記できている人はほとんどいません。**

さらにノートを一定の範囲までまとめ上げるのはかなりの労力を使うため、それだけで達成感を得てしまい、肝心の暗記をする力がなくなる、というのは本当によく聞く話です。勉強するスタートラインまで達してもいないというのに、時間と労力を浪費して疲れ果ててしまうのでは馬鹿らしいですね。

ちなみに**私は、学生時代は黒板に板書されたものさえノートにとっていませんでした。**黒板からノートに書き写す作業もまた、アウトプットでもインプットでもない事務作業だからです。それに、板書された内容というのは、いわば「先生が教科書をまとめたノート」ですから、情報は全て教科書の中にあるわけです。

だから**ノートを写す代わりに私がしていたのは、教科書あるいは参考書に蛍光ペンで線をひくだけ。**ひと目で覚えるべき重要箇所がわかり、いとも簡単に「まとめたノート」と同じものができ上がります。引く線の色も、黄色だけと決めていました。様々な色のペンを使うと、チカチカして視点がいまいち定まらず、どこが覚えるべきポイントなのかがわかりにくくなるからです。使ってもせいぜい2色程度に留めておいた方がいいでしょう。

また書店で参考書を探せば、重要箇所だけを凝集して、太字、赤字にしているものがたくさん見つかります。私がよく使っていた「シグマベスト」のシリーズも、重要な語句しか載っていない、まさに「綺麗にまとめたノート」そのものでした。わざわざ自分でノートをまとめようとして労力と時間を無駄に使うより、そういった参考書を活用しましょう。

7　授業は予習するな！

小さい頃から言われ続けた言葉、「授業の予習復習をきちんとしよう」。ゴロがいいためなのか大抵「予習と復習」がワンセットにされていますが、この2つを一緒くたに考えていいものか、というのは常々疑問に思っています。

私の中では、**復習は非常に重要な位置にあるのに対し、予習は「むしろ非効率なものではないか」と思うほど存在意義を持たないからです。**

勉強において大事なのは、自分の理解できないところ、間違えたところを明確にし、わからない点をなくしていくことでしょう。そのために、「エビングハウスの忘却曲線」（詳しくは48項）を参考にしたタイミングのよい復習は必要不可欠です。

予習は、これから先生が授業で説明してくれる箇所に目を通し、前もって理解しておく、わからない場所の目星をつけておく、という行為です。でも、これから説明してくれるなら、話を聞いている間にわからない箇所は明確になるので、目星をつけておくことの意義がわかりません。理解したところも、当然授業中に解説されるでしょうから、再び聞くことでかえって二度手間になるだけです。予習の段階で全てわかってしまえば、別に先生の授業を聞かなくてもいいでしょう。

それに、まだ授業で触れてもいない予習の段階でわからない箇所を前もって理解するには、自分であれこれ調べなくてはならないので時間がかかります。

対して、授業中によくわからない箇所があったとしても、先生の説明を聞いているうちにあっさり解決することが多いです。授業時間内に理解できなくても、後から質問しに行けば済みます。

繰り返しになりますが、**勉強で重要なのはわからない箇所を放置しないこと**で、そのために必要なのは入念に復習することです。対して、予習という行為は、二度手間になる点が多すぎて「時間の無駄」と言えます。予習と復習は、並列させるにはあまりに重要度が違います。ただでさえ時間のない受験期、予習なんかをしている時間があるなら、復習に使いましょう。

8　予備校通いは受験の必須条件ではない

「受験生は予備校に行くもの」という考え方が一般的に浸透していますが、予備校に行かせたがるのは生徒よりむしろ親が多いそうです。「家だと子どもがダラダラしてしまうかもしれないが、予備校に行かせれば勉強するだろう」といった期待を寄せる人が大半です。さらに生徒が予備校に行く理由は「他の人が皆行っているから」が最も多数を占めているそうです。

予備校に通わせる親の理由、通う子どもの理由、2つに共通しているのは「安心感を得るために行く」という点です。しかし、「周囲と同じ勉強をしていたら、周囲よりも大幅に成績が良くなることは決してない」と思います。

例えば高校の野球部で「必ず甲子園に行くぞ！」という目標を立てたとき。まず高校が120校以上ある県内で予選を勝ち抜かなくてはいけないというのに、「他の高校と同じように練習をしておけば大丈夫」とは思わないはずですよね。周囲よりも抜きん出た実力をつけるためには、自分の周囲ではなく、全国レベルまで視野を広くして「甲子園に行っているような強豪校と同じ練習をしよう」と考える必要があります。

これを勉強に置き換えれば、「他の人たちと同じように勉強していれば合格できる」と考えるのは危険で、「志望する大学に合格した人たちと同じ勉強をしよう」という考え方が最もしっくりきます。

受験も甲子園と同様で、全国から志願してくる生徒たちの中で合格の枠を勝ち取るための「競争」なのです。効率よく勉強して大学に受かった人たちの情報は、大勢で平均的な授業を受ける予備校よりも、書店にある「勉強法の本」から手に入ります。

また、表面だけでなく裏側にも目を向けて下さい。最大手と呼ばれる某予備校の東大専門コースでは、東大に100人も合格します。が、そのクラスを受講している生徒は合計600人もいて、全員、コースに入るための特別な入塾試験を突破しています。その中でも不合格者は500人もいるわけで、合格率は6分の1と決して高くはないのです。合格した100人は、500人よりさらに努力して予備校で教わる以上の勉強をしていたのでしょう。**この例からも、ただ単純に予備校に通っていれば自然と志望校には合格する、という考えは危険だとわかるはずです。**

志望校に受かるためには、予備校の中でも上位に入るような工夫が必要となること。少なくとも600人中100位以内に入るような、他人と異なる努力が要求されることを覚えておいて下さい。予備校は毎年華々しく東京大学や京都大学など有名校の合格者数を発表しますが、その**裏には非常に多くの「不合格者」がいるのです。**

合格者と不合格者の数の対比を見ないまま「予備校に行けば安心」というのは、起業してお金持ちになった人たちをメディアで見て「自分も会社を作れば大金が入るのか」と思うのと同じです。起業で失敗した人は成功者の数より断然多いにもかかわらず、表立って話題にしていないだけなのです。同じ土俵の上で勝ち残っていこうというなら、人一倍考え、それなりに工夫していく必要があります。

さらに、予備校には「良い成績の人は学費を免除する」という制度もあります。なぜこんな制度が存在するのか？　といえば、合格者数の実績をあげるため、です。ひどい話では、ある有名進学高校の生徒全員の学費を免除している予備校も存在します。現に私も浪人時代、予備校に現役時のセンター試験の成績を見せたら「学費を安くするから入らないか」という誘いを受けました（結局入っていませんが）。

そういうパターンで入った人たちは、お金がかかっていないため「一応在籍しておいてたまに授業を受けに来る」といったケースも多いと聞きました。その人たちが合格者の人数に含まれているだろうことも刮目して、予備校への入塾を考えるべきです。

もちろん、実質的な中身の問題で「人に教えてもらえるメリットがある」と思うかもしれません。でも、「教えてもらう」というのは基本的に受け身な姿勢であるため、逆に自分で自由に動きがとりづらくなるというデメリットが増えるのです。

最も大きいのは、スピードの問題。予備校の人気講師による講義をしゃべり言葉のまま書いた「実況中継」形式の参考書が存在しますが、実際に何回かの講義を受けるのと、まとめられた本を読むのを比較すれば、断然後者の方が早く、一気に広範囲の情報が得られるとわかります（何度も読み返せるのも利点です）。後は、ペース調整の問題と、苦手分野の問題と……予備校にはかなり問題が多いので、後で詳しく述べることにします。

また「自分が知らない解き方、考え方は予備校でないと手に入りにくいのでは？」という不安もあるでしょう。でも、**受験に受かるための知識は予備校でしか得られない、ということは絶対にありません。**

試験は、各大学の募集要項にも載っていると思いますが、高校で教わる内容の範囲内で出題されます。たまに大学で習う事項に触れることはあっても、高校の知識があれば解ける問題として作られます。それならば、全て書店に並ぶ問題集の中から手に入れることができます。受験用問題集はたくさんあるので、競争が激しく、買ってもらえるようそれぞれ工夫をこらしています。やさしく説明してくれるもの、ポイントを教えてくれるもの、とにかく問題数が多いもの等々、実に多種多様な問題集が出ています。

「この問題集は受験の定番だ」と言われるために、どの本もあの手この手でクオリティを上げているというのに、あえて受験で必要な解き方を載せない理由がどこにあるでしょう。例えば私は、マセマの数学シリーズを使っていましたが、これにも簡単に答えを出すための裏ワザ公式がたくさん載っていました。その中には、予備校に通っている友人が「知らない」と言っていたものも幾つかあったほどでした。

「世間ではこうするのがよいと言われている」というステレオタイプの考えは、根拠がないものも多くあります。世間に合わせるのではなく、自分に合わせるべきです。メリットとデメリットを比較し、自分にとって最も効率がよいやり方を選んで下さい。

9　予備校では効率的な勉強ができない

効率よく点数を上げていくには、伸びしろがたくさんある低い点数の科目から手をつけていくべきと書きました。まず60点の教科を75点に上げて、次に70点の科目を80点まで上げていく……という形で勉強すると、成績アップのために重点的に手をつけるべき科目は、数ヶ月、あるいは数週間単位で変わっていきます。

しかし**予備校に通っていると、自分にとって重点的に勉強すべき科目の変化に対して柔軟に対応しにくくなります。**予備校では、国・数・理・社・英の全ての教科をまとめて1つのコースとして受講するタイプと、受ける教科を自分で選べるタイプがあります。講座は大抵「1年を通していくら」と値段が決まっていますが、1講座あたりで換算するとコースの方が安めに設定されます。逆に、1講座ずつ選んでいくとかなり高額になってきます。そうなれば当然、コースでとる人の割合が多くなります。

ただし、安めとは言っても結構な金額になるため、「せっかく高いお金を払っているのだから出席しなくては損だ」という心理が働きます。さらに、予備校では科目ごとに配られた独自の教材を基に授業を進めていくため、しばらく出席しないと内容がわからなくなってしまうのです。

そのため、遅れずについていくには全ての科目を満遍なくこなしていく、というスタイルをとらざるを得ません。結果、**自分にそこまで必要ない科目にまで力と時間を使っていくことになります。**

成績の変化に応じて、そのとき必要な科目に必要な勉強量、時間を割り当てられるのが独学の利点です。「今日は数学を2時間やって、古文は30分にしよう」と自分のレベルに合ったペースで進められます。

対して予備校では、今日は数学1時間、古文が1時間、英語が1時間と、全て同じ時間が割り当てられています。

伸びしろが少なくなって、力を抜くべき科目と、入れるべき科目が分かれてきても「せっかく払ったお金がもったいない」「しばらく出ないとついていけなくなるから」という考えに陥ると、全科目を均等に勉強していくことになり、結果、予備校側が決めた時間に縛られてしまうのです。

10　予備校の「費用対効果」は低い

予備校に通うには、かなりの費用がかかります。1年で大体50～100万円程度、高いところでは200万円もします。さらに、模試や夏期講習、冬期講習は別途お金を払います。秋頃になると、特別対策のコースまで出てきて、受けた方がよいと勧められるそうです。

一生に一度の受験だから費用は惜しむべきではないとは思いますが、かといって費用対効果を考えずにお金を使うべきではありません。お金をかければそれに比例して受かるというわけではないのです。50万円あれば、問題集が500冊くらい買えてしまいます。500冊分の問題集・参考書の内容と、予備校のテキストで教わる内容を比較すれば、断然、前者の方が知識を網羅できるでしょう（500冊も解かなくていいですが）。**受験は「どのくらいの問題を解き、知識を得たか」といった経験がものを言うので、多種多様な問題に触れておければ大変有利になります。**

かつて予備校に通っていた人に話を聞くと、一様にして「結局は自分次第だよ」と言います。つまり、予備校に通ったうえでさらに自分で勉強を管理し、暗記したり復習したりする必要があるのです。志望校に合格するには、問題集を使うにせよ予備校のテキストを使うにせよ、結局は自分がどれだけ効率よく勉強を管理できるかにかかっているでしょう。予備校の全教科コースをとって全てに出席していると、復習だけで手一杯になり自分で勉強する時間がほとんどなくなるはずです。人によって苦手な箇所はまちまちで、テキストだけでは補えない点も出てくるので、自分の実力に応じて不要な授業を捨てて時間を作り、問題集を買って苦手な箇所を補わなくてはなりません。**受動的な態度でただ授業を受けていただけでは志望校合格は難しい、ということです。**ただ、そこまで自己管理するのならば、学校の授業を基盤に独学で勉強できるのでは……という気もしてしまいますが。

予備校は、絶対にお金による問題が生まれます。「不要な科目だけど、もったいないから行かなくては」という考えも持ってしまうし、講座を捨てたら捨てたで「もったいなかった」という考えが出てきます。前者の選択は時間の無駄にしかならないし、後者は、すっぱりと割り切れない人にはストレスになり、後々までひきずるでしょう。お金を出すのは多くの場合親になると思いますが、予備校によっては、ずっと出席していないと家に通知が来るところもあるようで、親子で揉めてしまうケースも出てくるでしょう。

また、見落としがちなことですが、「かかる」という点で言えば、予備校は、お金だけでなく、行き帰りの移動時間も結構かかるのです。近場ならまだしも、人気講座があるとか、人気講師がいる有名な予備校まで通うとなると、往復で1時間以上電車に乗らなくてはいけないこともザラにあるようです。東京でしか行われない授業のため、県をまたいで通っていたという人もいます。往復1時間で月に20日出席するとすれば、1ヶ月だけでも20時間、12ヶ月通うと考えれば２４０時間にもなります、その時間を使って混雑した電車の中で単語を覚えるのと、家の机に向かって覚えるのでは、断然家の方が集中して覚えられます。また、電車の中では難解な問題を解くといったような作業はできず、やれることが限られています。休憩時間に充てるとしても、電車の中での1時間と、家の中での1時間では、ゆっくり落ち着ける度合いが違います。少しの時間ならまだしも、２４０時間もの量を電車で使ったか、家で使ったかでは、かなりの差が生まれてくるでしょう。

私の地元では、選べる予備校が少ないため自転車で通うか、徒歩で行くかの2択でした。そうなると移動時間を勉強や休憩に使うことさえ難しくなります。受験期の時間は限られていて、高3にもなれば僅かな時間でも重要な意義を持ってきます。**平等に与えられた時間をうまくコントロールして、効率よく勉強していくためには、必要のない勉強、通学時間は非常に邪魔なものになります。**

11 予備校では、わからないところをスルーしてしまう

様々な学校から生徒が集まる予備校では、既に勉強した範囲かどうか、全ての生徒にいちいち確認しません。つまり、自分がまだ習っていない箇所であっても、**講師のペースに合わせてずんずん応用問題を進めていってしまうのです。**

独学にしろ講義にしろ、勉強していれば確実に「わからない箇所」が出てきます。独学なら、その時点で、参考書を見るなり他の問題集で確認するなり、その場で解決できます。対して予備校では講義の流れによって中断しにくい箇所だったからとか、大勢いる中で手を挙げにくいという消極的な理由で、その場で質問するのがためらわれることがあります。わからない箇所を放置したまま授業が進んでしまうと、内容が理解できずついていけなくなってきて、最悪、その後の講義全てが無駄になってしまうこともあります。授業後に講師のところに行っても、ずらっと長い列ができているために、きちんと納得できないまま質問を終えてしまうケースも多いそうです。

効率よい勉強に最も欠かせない作業の1つは、あの答えはなんだっけ？　と、「覚えた

はずなのに忘れかけている箇所」を復習することです。曖昧（あいまい）な知識をしっかり確認して覚え直す、この繰り返しにより着実に力がついていきます。予備校では、そのチャンスをかなり頻繁に、大量に水に流してしまう可能性があります。実力アップの種である「わからない箇所」を、そのまま放置して忘れてしまうのが最悪のパターンでしょう。せっかく大量の砂金が川に流れているのを見つけたのに、素通りしてしまうようなものです。

エビングハウスの忘却曲線（48項参照）から考えれば、わからない箇所、間違った箇所は、その日のうちに見直すのが最も効果的です。しかし学校が終わった後、予備校で長時間勉強し、そこに移動時間も加わるので家に帰るのは夜遅くになります。一日中勉強しているのですから、当然疲れてくたくたでしょう。そのため、家に帰ってもちゃんとした復習ができないまま寝てしまう人が多いと聞きます。翌日にしようと思っても、次の日はまた学校から予備校へと新しい勉強が始まるため、わからない箇所が放置されたまま、どんどん日がたってしまいます。

学校の宿題に加え、予備校の復習をするとなると、自分の自主的な勉強なんてほとんどできないでしょう。**単に学校と予備校の内容をこなしていくだけでは、志望校に沿った効率よい勉強ができるはずがありません。**

12 時間を自分で管理できないのが予備校の欠点

予備校は大抵学校の後に行くもので、一日中休みなく勉強していれば、当然疲れがたまっていきます。疲れていて頭が重いとき、眠くぼんやりしているときに講義で大切なポイントを教えられてもなかなか頭に入ってきません。勉強の公式は「質×量」ですが、そんな状態では、とても質がいいとは言えず、時間を浪費するだけです。

独学なら、自分の頭がすっきりするまで休憩をはさんでから勉強する、というように質を整えることが可能です。「次の講義まで10分間の休憩」と決まっている予備校に対し、5分間でも、30分、1時間でも、自分の疲れと相談して調整できます。

また、**予備校の、勉強する科目の時間・順番が決まっていて動かせないという仕組みは、応用が利かず不便なことも多いでしょう。**学校のように時間割がきっちり決まっているため、頭が疲れて重いときでも数学の問題を解かされることがあります。頭がぼーっとしていては、難問を解くためのひらめきは生まれるはずがありません。

独学なら「今は疲れているから単純作業の英単語暗記にしよう」と、頭の調子によって、勉強する科目を柔軟に変更できます。このように、頭の疲れ具合に合わせて、休憩時間や、科目の選択ができることは質を上げるための大きな強みとなります。

そして、時間だけでなく、レベルも「ぴったり」合った勉強ができるのです。

もし、予備校が成績順にクラスを分けていたとしても、クラスの中には必ず「一番成績の良い生徒」と「一番成績の悪い生徒」が存在します。急激に成績を伸ばす生徒もいれば、平行線のままの生徒もいます。少人数ならまだしも、1クラスに50人いるようなぎゅうぎゅう詰めのところでは、**全ての生徒の成績に合わせた授業は決してできるものではありません。**全く手に負えないレベル、もしくは簡単すぎるレベルの問題は、手をつけても時間の無駄です。試験によって成績順にクラス替えを行っていくとしても、そう頻繁にあるものではないでしょう。

その点、独学なら、簡単な問題は飛ばす、難しい問題は後回しにして再チャレンジするというように、自分に合ったレベルの勉強ができます。

予備校だけでは、自分の志望校に沿った勉強ができないという問題もあります。様々な大学の合格を目指す学生が一斉に集まる場所なので、授業内容は必然的に「幅広い大学に受かる」勉強になり、「やらなくてもいいのに勉強する分野」もたくさん出てきます。もちろん知識を広げることは大切ですが、**大学受験で大切なのは「自分の行きたい大学に受かること」であって、「全ての大学に受かる実力をつけること」ではないのです。**

教養を広げるのは大学に入ってからでもできることなので、まずは、ピンポイントで必要な知識を身につけるべきです。時間がないのにあれもこれもと手を出していたら、何一つ完全に達成できず、どれも中途半端に終わってしまうでしょう。制限時間内の勝負なら、いかに無駄を省いていくかが大切になります。結果を残すためには、志望校にぎゅっと焦点を絞った勉強が理想的です。

予備校でも、「東大コース」「京大コース」など、志望校により分かれた授業も存在しますが、ごく一部の大学にすぎません。「医学部コース」という医療系学部に特化した授業も、レベルは高いかもしれませんが、特定の志望校の試験内容に絞った勉強をするわけではありません。

対して、独学で勉強する場合は、徹底的に自分の志望校のみに合わせた勉強ができるのです。

13　予備校に行っただけで勉強したことにはならない

「予備校に通う」という行為は、学校に通うのと似ていて、半ば「仕方なく行っている」感覚が生じてきてしまうケースがあります。特に、親に勧められて行った場合はその傾向が強くなります。実際私も、予備校の模試でさえ、自分のためなのに「受けたくないけど仕方なく受ける」という強制されているような意識を持っていました。対して独学で勉強すると「自ら進んでやっている」という積極的な意識を持つことができます。人は、行動を自分で選択していたいという心理を持っているので、押し付けられていると感じながら勉強するより、自分の意志でやっていると思いながら勉強する方が、ストレスを感じにくくなります。「自ら勉強するなんて偉い！」と自己評価があがり、自信もつきます。

また、予備校にせよ独学にせよ、学校以外の場で勉強すると、「頑張っている」という気分になります。ただし予備校は、内容は受験向きといえどもやっていることは学校と同じ「授業」なので、テキストで習ったことを着実に「インプット」し、「アウトプット」できるまでに復習していく必要があります。自主的にわからない箇所をなくしていかなければ、受験では全く使えないため、本当に勉強しているとは言えません。

これはノートをまとめる行為とよく似ています。学校で習ったノートをまとめたことで、「頑張った！」と満足してしまう。でも、そのノートを活用してきちんと頭の中に入れなければ、ノートをまとめた苦労も全く無意味なものになってしまうのです。**予備校も「授業を受けた」という行為だけでたくさん勉強したという錯覚を受け、安心感を抱いてしまう人がかなり多いのです。これこそが、予備校が持つ最大の危険因子です。**

確かに、学校の後、予備校に行き、家に帰って学校の宿題を終わらせると、予備校の復習をこなす時間はほとんどないでしょう。特定の科目だけをとっている場合には、次の授業まで自習室で復習する時間をとれますが、全教科をとるコースを受けていると、休憩時間も僅かしかなく、テキストを見直す余裕がありません。授業中に一所懸命集中したとしても、そのときに一度触れただけでは、そのままどんどん知識がこぼれ落ちていくだけで、非常にもったいないです。

知識がこぼれるのを防ぐストッパーとして、予備校以外の時間での復習が必要不可欠なのです。にもかかわらず、それをしない、あるいは時間的に余裕がなくできない人が非常に多いのです。

14 「話を聞く」のは時間のロス

私は「授業」に対して「無駄が多い」と常々感じていました。時間がないにもかかわらず、既に知っている問題を解くのも二度手間。答え合わせをするならば生徒が答えるより、解答冊子を見た方が断然早い。そして、**独学と比較して何より「時間的に不利な差が生じる」と感じるのは、授業では先生が内容を「話す」という点です。**話される内容を耳で聞いていくより、参考書の内容を自分の目で「読む」方が、ずっとスピードが速いでしょう。

人が話すスピードは、１分あたり「３００字」と言われています。早口で話すアナウンサーでさえ、４００字くらい。対して、人が１分間に読むスピードは「６００字」です。つまり、話す内容を聞いているより、自分で内容を読む方が、２倍の速度で情報を脳に伝えられるのです。同じ文章を、声に出して読むのと、目で文字を追って黙読するのでは、どちらが早く読み終わるかなんて歴然としています。

速読ができる人は、１分間に１５００字程度読めると言われています。一般の人がそこまで速く読めない理由は、頭の中で「音読」してしまうからなのです。みんな子どもの頃から文章を声に出して読まされるため、それに慣れて黙読している最中も頭の中で声を意識してしまうそうです。この本を読んでいるときも、頭の中で文字を「音」に置き換えていないでしょうか？　速読ができる人は、文字を単なる「画像」として脳に伝達することができます。「話す」ことは、「読む」ことの足をひっぱってしまうくらい、遅いスピードだということです。

また、文章は、同じ場所なら1度目より2度目の方が早く読めるようになります。押さえるべきポイントが頭に残っているため、重要な箇所だけ拾い読みができるのです。授業は先生が1回だけ話しながら説明するのに対し、参考書は2回目以降は読めば読むほどスピードが上がっていくわけですから、繰り返し復習することが大切という勉強の性質に適しています。さらに、最初から全ての情報が「書かれている」参考書に比べ、授業では、講師が話しながら「黒板に字を書き、生徒がそれをノートに写す」作業も加わるので、時間の差はどんどん広がっていきます。

私が予備校に行かなかった一番の理由は、受験勉強をスタートした時期が周囲よりだいぶ遅かったため「可能な限り短時間でたくさんの範囲を進めたかったから」です。スピードを重視するならば、断然、独学の方が早く進みます。

15 「自分の部屋」こそ最高の学習場所

勉強をしているときに、ふと「これってなんだっけ？」「前にやったけど、どこで出てきたかな？」という曖昧でなんとなくしか思い出せない箇所にあたることがあります。そういう忘れかけた点を繰り返し「復習」する方法こそが、最も効率のよい暗記法です。

しかし、例えば英語を勉強しているとき、忘れた箇所を確認しようとしたら、辞書、単語帳、文法集、ノート、問題集など、参照したいものがかなり大量になってしまいます。さらに教科が増えれば、必要な勉強用具も多くなります。でも、予備校で勉強するとなると、これら全部は多すぎて持っていけません。**常に全ての勉強用具を置いておけて、好きなときに確認ができる場所、それは「自分の部屋」なのです。**私は、自分の部屋こそが勉強に最適な環境だと思っています。

その分、「予備校には自習室がある」とよく反論されますが、その部屋の存在は一概に利点ばかりでもないようです。非常に人数が多い予備校では、自習室の席の確保が大変だという話を聞きます。全員分の席が用意されているわけではなく、席取りのために道具だけ置いても片付けられてしまう仕組みのため、講義が終わる5分前には教室を出ていって席を取る生徒もいるそうです。

　某大手予備校を出た知人の話ですが、自習室の前には、席に座りたい生徒がズラッと並んで列を作り、席がない場合は机を有料で貸すということもしているのだとか……。毎回「今日は席が取れるだろうか」などと気にしながら勉強をしていたら、やはりストレスが溜まるでしょう。

　人気の講師がいる予備校だと人数が多くなる、そのせいで自習室が使えなくなる、というパラドックスに悩まされつつ、どこの予備校に行くか決める生徒もいます。授業の「質」と「自習室」を天秤にかける、それほど「環境」も勉強するのに重要な要素なのです。

　授業に関しても、予備校は人気講師の場合、1時間前から教室に列ができていたり、立ち見で授業を受けたりするそうです。わかりやすい、面白いという点もあるでしょうが、ぎゅうぎゅう詰めの教室の中、長時間立ちっぱなしで授業を聞くという環境は、やはり疲れてしまうのではないでしょうか。

16　講師に教わった答えは身につかない

思考力を鍛えるためには、問題がわからないとき、1日以上かけてモヤモヤ考えてみる、という行為も必要になってきます。

答えが出ていない問題に対しては、どうにか解決しようと脳の潜在意識がずっと働いているので、急にふっとアイデアが浮かんでくることがあります。長時間考えることで「あの公式はこういう意味だったのか！」とひらめくこともあるし、「この解き方を試してみようか」と、どんどん深くまで理解していくことができます。そうしたプロセスを踏んで、徐々に難問が解けるようになってきます。

しかし**予備校では、問題を出したとしても、結局は授業の最後に講師が答えを言って解説してしまいます。**講師の方も、できるだけ多くの内容に触れておきたいため、問題を次から次へと解いていきます。すると生徒は、必死にそれについていくといった、受け身の態勢になりがちです。そのため、1日かけて1問をじっくり考えるという機会はほとんど持てません。

ある時期、私は東大の数学の問題が全然解けなくて、自信がなくなっていました。いっそのこと数学を捨ててしまおうか、なんてことも考えました。それでもかなりの時間をかけて、なんとか1問を完全に解いたとき、やっと「自分もやれば解けるんだ」という自信が生まれたのです。

それからは、難しい数学でも「きっと解けるはず」と、気後れすることなく臨めました。難題を乗り越えることによって得る自信は、ただ聞いて理解するという受け身の姿勢だけでは決して身につかないものです。

たとえ長時間かかってでも、**「難しい問題を自分の力で考えて解いた」という経験は、内容に対する理解が深まるのに加え、自分を成長させ、「難易度が高くてもきっと解ける!」という強気の姿勢にもつながってきます。**

こういった経験をたくさん積んでいる方が、本番で見たこともない問題に出あったときに、圧倒的に有利であると思います。

17　もし通うなら……予備校は１つに絞らない

高2、高3になると、周囲が当たり前のように予備校に通い始めます。予備校ではなく、塾に行く人もいます。

私は独学で勉強していたため予備校に行っていないのですが、「浪人のときに予備校に行かない選択を認めた親、すごいね」と言われたことがあります。浪人すると、**授業を受けない状態で本当に勉強するのか、かえって親の方が不安になるようで、ことさら予備校に通うことが当然になるようです。**

どこの予備校に通っていたかを聞くと、特定の1箇所のみに通っている人がほとんどです。私もそれが常識のように思っていました。けれど、ある友人に話を聞いてみると、駿台なら駿台、河合なら河合のみ、と決めつけるべきではない、と言われました。

東大に行きたいなら、1つの予備校の中で受ける授業を全て決めるのではなく、**広い視野を持って、東大に特化した質の良い授業を、いろいろな予備校から選んで受けるべき、なのだそうです。**

例えば、薬学部の友人は、英語と国語はマンツーマンの塾（講師が上智の大学生だったので文系科目の勉強には最適）で教わり、数学はＳＥＧ（数学と物理で非常に有名な塾）へ通っていました。別の友人は、様々な予備校、塾で、「生物は代ゼミがいい」など、科目によって評判のところを聞き、**自分に合うところを選択して、掛け持ちしていたそうです。**

多くの人は、特定の1つの予備校を選び、その中で全ての科目を受けようと最初から決めつけてしまいがちです。予備校は高い入学金をとるところが大半（駿台も河合塾も10万円！）ですし、コース料金で全教科入っている場合も多いので、必然的なことかもしれません（塾なら多少安いようですが）。

ただし、コースに入ったからといって全ての授業に出る必要はないので、科目別に予備校、独学、塾、家庭教師など自分に最良のものを探し、自分に合ったスタイルを見つけてみて下さい。

自分の志望校に沿った対策を立てて勉強するのが、合格への一番の近道です。

18　学校の勧める大学は無視してもよい

高校で、志望大学を決めるための面談があると思います。ここで、教師の言う大学を全面的に受け入れるのは反対です。なぜなら、**教師が勧めてくる大学は、浪人を出さずに進学率を上げたい、できるだけ有名な大学に入れたい、といった学校側の事情も多分に含まれているからです**（もちろん生徒のためを思う部分もあるでしょうが）。絶対的なものではなく、アドバイス程度として、心に留めておけばいいと思います。

私は成績が悪かったため、延々と「東大は無理」（というか国立自体が無理）と言われ続けました。自分の人生を考えて決めたのに、何度話しても「無理だから」と、こちらの事情に関係なく受かりそうな大学を押し付けてくるのです。あまりに噛み合わないのでイヤになって、面談は一切出るのをやめて、3者面談でさえ欠席して親と先生だけで話してもらいました。今改めて考えてみると、ずっと「無理だ」と言われ続けたことによって**ゴーレム効果**（詳しくは69項）が発動していたんじゃないかという気もして、何をしてくれるんだと文句を言いたくなります。

以前、勉強法に関して「自分は私立で絶対に行きたい大学があるのに、もし行きたくなったときのために国立の勉強（5教科全部）をしておきなさいと学校に言われ、どうしたらいいかわからない」という相談を受けました。聞けば、「自分の決意はその私立大学で固まっている。変える気はない」にもかかわらず「学校がずっと国立を勧めてくるので、居心地が悪くて困っている」、とのこと。この学校側の意見には、明らかに「国立大合格者を増やしたい」という事情が入っているでしょう。**どの大学に行くかは自分の人生を左右する重大な選択なのだから、高校側のちょっとした事情のために曲げる必要はありません。**受験時に志望大学に不必要な勉強をすることは、同じ大学志望の他の受験生に後れをとることにもなりかねず、不合格になる可能性を増やすようなものです。

受験とは、自分の成績にちょうど合っている大学を探すものではなく、大学が求める成績に合わせて、自分をレベルアップさせるものだと思います。その際、自分で行きたいと決めた大学の方が、「絶対ここに行く」という信念、モチベーションを持ちやすくなるでしょう。人に決められた大学だと、成績が悪い場合は「別にここでなくてもいい」と、踏ん張れずにレベルダウンしてしまうことが多くなるのではないでしょうか。

第2章　偏差値が必ず上がる東大流勉強法

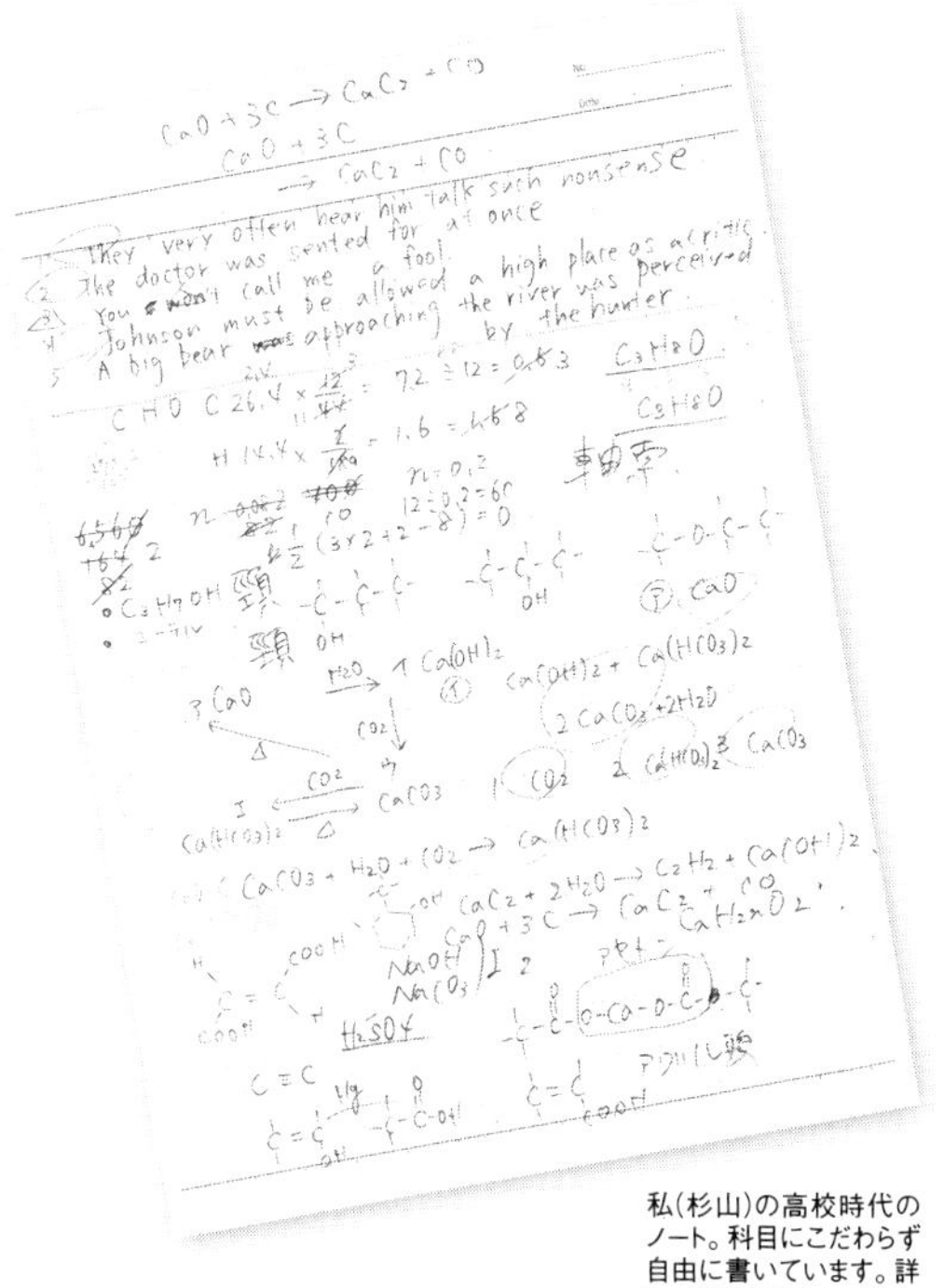

私(杉山)の高校時代のノート。科目にこだわらず自由に書いています。詳しい解説は92ページに。

19　勉強する前にまず「勉強法」をマスターする

受験時は兎にも角にも時間がありません。そのため書店の受験コーナーに行っても勉強法の本を読んでみようという余裕を持てる人はあまりいなくて、それよりも1冊でも多くの参考書を読んだ方がためになると思う人が多いです。

私は過去にも勉強法の本を出しているのですが、それを知っているはずの人から「勉強法の本を読む暇があったら勉強しろって話だよね」と言われたことがあるくらいで……これは、ちょっと切なくなりました。つまりそれほど、勉強法を知るより問題を解く方が価値がある、という考えは一般に根付いているのです。

でも私は、**まず勉強法を確立することが合格の近道と身をもって知っています。**様々な道で成功する人たちの共通点を書いた『達人のサイエンス―真の自己成長のために』（日本教文社）の著者、ジョージ・レナードも「**最高の学習とは、学び方すなわち自分が変わる方法を学ぶことにある**」という名言を残しています。もし勉強を公式で表すならば、質×量＝成績、と書きました。いくら量を多くこなしたところで、質＝「やり方」が悪ければ、なかなか成績が上がらず、いたずらに時間を浪費してしまいます。

受験勉強を始めたのが高3からと人一倍遅かった私は、夏頃までひたすら時間に追われる毎日で、勉強法なんて気にも留めていませんでした。でも、人より遅れている部分にさえなかなか追いつけず、途中で「このまま勉強していては受からない」と思いました。そこで勉強のやり方を根本的に見直そうと勉強法の本を購入したのです。題名は『東大受験・私はこうして合格した—難関を見事突破した17人の合格体験記集』（ミリオン出版社）だったと思います（残念ながら新刊の入手は難しいようですが）。合格者が使っていた問題集、模試の結果、どういうふうに勉強をしていたかが載っていて、とても参考になりました。受験とは「ここまで点数を上げなさい」というゴールに向かっていくレースで、勉強法はスピードを速くするための手段や道具になります。時間制限がある場合、ゴールまで地道に走るより、自転車という道具を使って乗っていったほうが賢いでしょう。

かといって勉強法を自分でゼロから生み出すのはなかなか大変です。**せっかく合格していった先人がたくさんいるのだから、その人たちから合格のコツに関する知恵をいただいて、真似したり自分に合わせて応用したりして確立してしまうのが手っ取り早いですよね。**

私も本を参考に、合格者の皆が共通して使っていた問題集を買い（1人だけの勧めだとその人にだけ相性がよい可能性も高くなるので、多くの人が勧めているものに限りました)、勉強の仕方を分析し、自分なりの勉強法を確立していきました。すると、模試の成績が以前よりぐんぐん伸びるようになりました。点数を上げるスピードを速くする方法は「効率をよくするための情報を知っているかどうか」。たったそれだけだったのです。受験の鍵を握るのは情報だとよく言われますが、いろんな意味で、核心をついた言葉です。

意外だったのが、大学生のとき、同級生にどうやって勉強していたかと聞くと、かなり多くの人が「まず勉強法の本を買った」と言っていたことです。「みんな勉強法の本を読むなら、そのぶんの時間を勉強に費やしているだろう」という決めつけから、受験時に勉強法の本を読む人なんて少数派かと思っていたので、「こんなにもみんなが勉強法の本を買って、戦略を練ってから勉強していたとは!」と驚かされました。

でも**逆に考えれば、そうやって戦略を立ててきた人たちが合格したのですね。繰り返しますが、皆と同じことをしていたのでは、成績に違いは生まれないのです。**文学部の友人は毎年改定版が出る和田秀樹先生の『新・受験技法—東大合格の極意』(新評論)を読んだと言っていました。私も以前、書店で読んでみましたが、東大の試験に特化したかなり詳しい問題分析が載っていました。ただ、結構厚いので立ち読みには向きませんが……。

20「受験勉強を始める前」にこそ過去問！

入試の過去問は受験直前に大々的に売られるため、多くの受験生は「過去問は実際のテスト前に実力確認のためにやるもの」と考えていると思います。が、その捉え方は危険です。

過去問は、絶対に、「受験勉強を始める前」にやっておくべきものです。

「え？　最初から過去問なんて解けるわけがないでしょ？」と疑問を抱く人も多いと思います。解けるわけがないけれど、やって下さい。なぜなら、**志望校がどのような形式で出題してくるのか傾向を知ることが、受験勉強をしていくうえでの指針となり、効率がグンとアップするからです。**やるといっても、初めのうちは解いてみるというより「見てみる」に近い作業になると思います。

過去問を、何度も何度も、何年間分も読み返して、大学側がどんな問題を出してくるのかを分析して下さい。解けなくても、「数学は時間が120分で毎年6問出る。その中に必ず1問は微分積分の問題が出ている」というようなことはわかるでしょう。「暗記モノと言われる生物や歴史も、単語を聞くような単純な暗記で解ける問題はあまり出されない」「それより事象の本質を深く理解できているかを試すものが出されている」といった具合です。

過去問は受験の直前にやるものと考え、最終的な腕試しの道具にしてしまうと、何の傾向もわからないまま勉強を始めることになります。そうしたら、どこを重点的にやるべきで、どこを軽く流すべきかの比重がわからず、全ての範囲を満遍なく勉強してしまうでしょう。**満遍なく勉強することは、学校の勉強ではいいことでしょうが、受験勉強においては大きなロスになります。**

例えば生物なら、一般的なテストは単語の意味を聞く項目が多いので、過去問を見ないで始めてしまうと「単なる暗記科目」として勉強してしまいがちです。そういう人と、1つ1つの事柄に対して「どうしてそうなるのか？」を考え出題傾向を強く意識し勉強していった人では、最終的な試験の場で思考力に著しい差が生じます。

最も顕著な例を挙げるならば「京大の英語」でしょう。京大は、非常に難解な単語を用いた英和訳と和英訳だけが2問ずつ出るという、少々変わった形式を長年保っています。そういう傾向を知らないまま単純に英語の長文を読んでいるような勉強をしていても、本番で、ほとんど役に立ちません。途中で問題形式を知ったとしても、最初から英訳和訳を徹底的に勉強していた人とは大幅に差がついてしまっています。

「普通に」勉強するのではなく、よく出る箇所、点数が取りやすい箇所をピンポイントで狙い「効率よく」最初から自分の志望校に合った勉強法をこなしていった方が、合格の可能性は段違いに上がります。

また、過去問は、自分の成長に合わせて理解できる度合いが変わってきます。解けなかった問題が解けるようになったり、意味がわかるようになると、「微分積分の問題は他のものよりややややさしい傾向があるな」「じゃあここは絶対落とさないようにしなければ」とさらに詳しく分析できます。

「過去問は最後にやるべきもの」という固定観念を捨てて、最初のうちから何度も繰り返し研究して下さい。そして、**大学がどんな能力を求めているのか、自分は何を身につけるべきかをしっかり把握しましょう。**

21 教科書を読む前に、いきなり問題集を解く

受験で最も大切なのは、知識を「インプット」できているかではなく、きちんと「アウトプット」できるか、ということです。理解したつもりになっている箇所でも、いざ問題を解いてみるとできない、なんてことはよくあります。

これは、公式や単語が「どのような形で」問題になり出題されるのか、つまり「どうやって使われるのか」まではわかっていないときに起きることです。

例えば「生物が増えるためには分裂と交配、2種類の方法がある」なんてことを、単語や画像として頭の中で覚えていたとしても、問題で「それぞれの利点は？」と聞かれたらわからない、というような。答えが書けなければ、いくら勉強していても点数としてはゼロになります。せっかく勉強したとしても、これでは非常にもったいない。しかし試験では、いくらインプットしていると試験官にアピールしても意味はなく、答案用紙の上にアウトプットできて初めて点数を獲得できるのです。

そんな悲しい事態を避ける対策として、知識を暗記・理解する際、教科書や参考書から

ではなく、いきなり問題集から解き始めることが有効な手段となります。なぜなら、問題を見て、すぐに解答を見る、というように覚えていくと、単語や公式のような「知識」とそれに関する問題の「出題方法」が一度にわかるからです。**普通は「知識」を覚えてから問題集を解いて、「こうやって出るのか」と出題方法を知っていくものですが、その段階を一気にすっ飛ばし、全部ひっくるめて行えてしまえるのがこの勉強法の利点です。**

先ほどの生物で言えば「問題1　生物が増える際、分裂の方が1体でかつスピードも速く行えるのに、なぜ交配する生物がいるのか?」という問いがあったとしたら、「分裂は1体でできるけれど交配は2体必要」「繁殖のスピードが違う」といった「情報」も問題から得られますし、「なぜ2種類の方法があるのか?」という「出題方法」もわかります。答えは「2体の遺伝子が組み合わさることで、単純化せず様々な形態の遺伝子が作られれば、環境や外敵の変化にも適応できる可能性が増え種の保存がしやすいから」なのですが、分裂と交配という単語が出るときは、大抵の予備校や大学ではこういった存在意義を問う形で出題します。

いきなり問題集を解く方法は、単語も覚えられ、かつアウトプットも完璧になります。大幅にスピードアップができて、かつ着実に問題を解けるようになる合理的な勉強法です。

22 参考書、問題集は1巡目は「ざっと見」で終了！

参考書や問題集は、何度も繰り返した方がよいのですが、その**最初の1巡目にどのくらいの時間を費やすべきかについて、注意してもらいたい点があります。**

1巡目から隅から隅まで徹底的に目を通し、膨大な時間を使って1冊を終わらせる人がいます。そうではなく、1巡目は「ざっと全体を見わたす」感覚で、わからない箇所はすぐに解答を見て、パパッと終わらせてしまいましょう。理解できないところは「よくわからないけどそういうもの」程度に考えて頭の片隅に置いておき、次に進んでしまいます。そして最後まで終わったら、また最初から「間違ったところ」「理解できなかったところ」を繰り返して、全体を少しずつ固めていく、という段取りが有効です。

最初から「全てを理解」「全てを暗記」しようとすると、ほんの一部の項目を終えるだけでも途轍（とてつ）もない量になってしまい、恐ろしく時間がかかります。受験では、覚えるモノがそれこそ山のように存在します。国立受験ともなれば、否が応でもセンター試験で5教科7科目を受けなくてはいけないわけで、暗記する単語にしても解く問題数にしても莫大な量になってきます。

そのため、最初から細部にまで力を入れすぎると、終わりが見えなくて精神的に消耗し、途中でイヤになってしまいます。マラソンでも、ゴールまであとどれくらいか知っていて走るのと、ゴールまでの距離を把握できないまま延々と走るのでは、精神的負担が全く違ってきます。


1巡目から重箱の隅をつつくようなことまで覚えていっても、細かすぎるものはどうせ次の章に行くとほとんど忘れてしまいます。


最初から完璧を目指すと気が滅入って挫折しやすいし、知識も1箇所に偏ってしまいます。そうならないために、1巡目は本当に基本事項だけを読み流す感じで、軽く終わらせてしまいましょう。それに、

「これだけの量をやると終わるのだ」

と、ゴールを体感し、全体像をつかめれば、「きちんと覚えるべき箇所」と「余裕があったらやる箇所」が明確になりますし、一度終わっているということで精神的にも余裕ができます。そこから復習を繰り返し、細かいところまで徐々に上から塗り固めていけばいいのです。

「大きな木」を育てる様子をイメージして下さい。まず、どっしりと根を張り太い幹を作ります（基本）。そこから枝（細かい知識）を付けていき、その枝に葉（さらに細かい情報）を付けてコツコツすきまを埋めていくのです。

「葉」は、多いほど理解は深まるし解ける問題も多くなるため周囲との差をつけることができますが、出題頻度があまり高くないため点数にはそこまで結び付きません。例えば「DNAは○○状になっている」（答え・2重らせん状）という問題は基本である「幹」にあたります。ほぼ全員が知っているため、逆に知らないと大きく点差がついてしまいます。対して「大脳、間脳、中脳、小脳、延髄の位置を書け」という問題、こういうのは「葉」の知識にあたります。大抵の人は覚えていないので、知っていれば有利ですが、知らなくても大抵みんなも不正解なのでそんなに点差はつきません。

成績を上げたいなら、最初から差はつかない「葉」と、大きく差がつく「幹」と同格に勉強するべきではないでしょう。ざっと読んで全体を捉えて、まずは太い幹の基盤を作るべきなのです。

23 「問題集の使い方」を読み飛ばすな！

どの教科にしても、問題集の最初の方に「この問題集を解くにあたっての説明」が書いてあります。でも、きっと多くの人が、

「単に著者の主張が書かれているのだろう。自分は自分のペースでやるから関係ない」

というようなことを思い、さっさと問題を片付けようと読み飛ばしてしまうのではないでしょうか？　私もそうでした。しかし、**実は、そこに「重要な勉強法のヒント」が隠されていたのです。**

私は数学の問題集兼参考書として『馬場・高杉の合格！　数学実戦ゼミ』（マセマ）というものを主に使っていたのですが、そこにもやはり「本書の利用方法」がありました。その内容はどんなものだったかというと、

「まず解説と例題を中心に１週間程度でサーッと読み流して下さい」

１冊を１週間で終わらせるなんて絶対に無理！　と、私も最初のうちはご多分に漏れず著者の助言を気に留めませんでした。必死に１から問題を解こうと努力し、亀の歩みのよ

うにかなりの時間をかけのろのろと進めていました。でもこの助言はつまり「数学でも基本問題は暗記してしまった方が合理的」なのだから「最初は根を詰めて解こうとせず、問題と答えを軽く読み流して全体を把握しろ」という、先ほど書いた私の「参考書、問題集は1巡目は『ざっと見』で終了！」と全く同じ意味です。私は、勉強法を考え直しているときにその方法の素晴らしさに気づき、もっと早くから助言に従って進めればよかったと後悔しました。

よく紅茶のティーバッグなどにも「お湯を160ml注ぐ」という注意書きがありますよね。これは決して、適当な数値ではありません。食品会社では開発の人間が何度も何度も僅かな量を調節しながら大勢で試食を繰り返し、最も美味しく飲めるお湯の量を決めているのです。

同様に、**問題集を作っている方も受験を研究しつくしたプロなわけです。**最大限の効果が出るよう使ってもらいたいからこそ「解くためのアドバイス」を最初に載せるのです。そこには、全教科に共通する、勉強法を改善するためのヒントがたくさん書かれています。その「使い方」を、飛ばさずにきちんと読んで従ってみて下さい。

24　答えが合っていた問題は二度と触れるな！

問題集を解いていくと、当然、合っている箇所、間違った箇所が出てきます。**このとき、間違えた箇所に必ずチェックを入れて下さい。**そして「この問題集は全て完璧！」と思えるくらいになるまで、間違っていた箇所を何度も復習して下さい。

大事なのは間違えた箇所です。間違いが多くて気持ちがへこむと言う人がいますが、問題集では正解した問題なんてもともと解けるものだったのだから、解いて時間の無駄だったと言ってもいいほど軽い価値しかありません。**逆に、間違いが多ければ多いほど、自分にはまだ伸びしろがたくさんある、成績が上がるということです。**

私は合っていた問題は、徹底して二度と触れないようにしていました。経験則ですが、なんとなく答えて合っていたという曖昧な箇所も、すっかり忘れた頃、再びやってみるとなんとなくまた正解するんです。よほど自信がないもの、大切な箇所だけは△をつけていましたが、基本、合っていた箇所は放置し、×だけを突き詰めて復習しました。

大問Aがあって、その中に小問が3題あったとします。そういう問題は、大抵前の小問の答えを使って次の小問を解くのですが、もし問1問2が合っていて問3だけが間違っていた場合、復習の際に問2までの答えは即解答を見ていました。大問の中にくくられているからといって、3問ともやり直す必要なんてありません。

そういう形での出題は意外に多く、全問きちんとやり直していると意外と手間がかかります。塵も積もれば山となるわけで、「正解した問題を再び解く」という無駄を一貫して省いていった結果、他の勉強にまわせる時間が随分作れました。**「問題集の最優先事項は間違えた箇所の復習である」という鉄則を忘れないで下さい。**

間違えた箇所のチェックの付け方ですが、塾を経営している知り合いの繁田くんが書いた『開成番長の勉強術』(白夜書房)で紹介されていた方法が興味深かったです。間違っていたら/と右を下にチェック線、もう1度やっても間違っていたら//。もし合っていたら×と左を下に線を入れる。そうすると「まだ理解できていないところ」がひと目でわかるというものでした。私は間違いに×をつけて、復習して合っていたら上から○をつけていたのでやたらゴチャゴチャしてしまったのですが、この方法なら見た目がすっきりして、復習もやりやすくなりそうですね。

25　身につけたい知識はよく使う問題集に足せ！

授業を聞いているとき、

「これは確実に覚えておいた方がいい」

「これは苦手だから忘れてしまいそうだ」

というような、放置すべきではないと感じる箇所に出あうことが多々あります。そういう場合、あなたはどうしているでしょうか？　普通にノートに書いておくだけでは、その他の文章に混ざって埋もれてしまいますし、付箋を貼っても、持ち運びの際剥がれてしまうことがあります。


そんなとき、参考書や問題集、解答冊子を1冊決めて、関連した事項のページに書き留めておくと便利です。バラバラにすると、どの本に何を書いたかがわからなくなってしまうので、**必ずいつも同じ、決まった本に書き込んで下さい。**

まとめてあれば、重要箇所だけを見直したいというときにも、参考書や問題集を1冊1冊チェックする必要がなくなって、手間が省けますし、一気に頭に入るので、整理して覚えられます。

私は、化学と生物は『シグマベスト』という必要最小限の重要語句のみが厳選されて載っている参考書を基本において勉強していました。全体像がつかみやすいため、気軽にしょっちゅう見直せるところがポイントとなり、覚えておこうと思った重要箇所は、この本の関連したページに書き加えていきました。

そうすると、ちょっとシグマベストを見直そうというときに、必然的に書き加えた箇所も一緒に目に入ってきます。

特に重要だ！　と思った点は最重要事項として、シグマベストの1ページ目、つまり表紙裏の白紙部分に書き込んでおきました。1ページ目というのは最も開く頻度が高いので、目につくたびにチェックができて、頭に刻み込むにはもってこいでした。

長期記憶に入れておきたい箇所は、やはり何度も何度も接触するのが一番ですから、よく目にするモノの、目につくところに書いておきましょう。とりたてて暗記しようと意識しなくても、繰り返し目に入れることで自然と覚えやすくなります。

26　同じ科目の問題集、1冊に絞るか2冊とも買うか？

書店で問題集を選ぶとき、非常にたくさんの種類があって、さらにどの問題集も各々の良さを主張しているものだから、一体どれを買おうかと迷ってしまいますよね。同じ科目で、２冊の問題集、どちらを買おうか迷った際、あなたは1冊に絞りますか？　どうせ後でやるだろうと、２冊とも買いますか？

「2冊とも買ってしまおう！」という選択をした人は、率直に言うと、失敗する可能性が高いです。問題集を買うときは、１科目につき1冊を原則にしましょう。

２冊同時に買うと、後ろがつかえているので1冊目を早く片付けなければと焦ってしまいます。そのため、間違った箇所の復習がきっちりと終了していないまま、２冊目に手をつけてしまいがちです。時間が足りない受験の時期、少しでも多くの問題集を解いておきたいという気持ちはわかります。が、中途半端にたくさんやるより、１冊の問題集を「完璧！」と思えるほどにやりこむことの方がずっと意義があるのです。

どうしようもないハズレを除いて、どの問題集も基本的な箇所は大抵網羅しています。私は1冊の問題集に対して最低でも3回は繰り返し、間違った箇所やわからない箇所がほとんどなくなるまで徹底的にやり抜きました。

実は、受験に出されやすい出題箇所、出題方法というのはある程度決まっています。だから異なった問題集でも、案外似たような問題が多いものなのです。もしガッツリと基礎が完成していれば、2冊目の類似問題を見たときに、

「これは1冊目の問題の数値を変えただけだ」とか、

「単に条件を変えただけだ」

とすぐに気がつくことができます。しかし基礎が固まっていない状態のまま2冊目の類似問題に挑んだ場合、まるで初見の問題のように見えてしまい、またしても同じ箇所で間違えるという二度手間が起きてしまうのです。時間がなくて急いだゆえの行動だというのに、これではかえって時間をロスすることになります。

以前、大学の友人たちに勉強法を聞いてみたとき、大半の人が、

「たくさんの問題集をやるより、良いと評判のものに焦点を絞り、みっちりやった方が実力がつく」

と言っていました。

「中途半端に１００冊やるくらいなら、１冊を徹底的にやる方がためになる」

と言っていた人も。

また、全教科の授業でほぼ満点を取り、大学３年時に司法試験に合格し、法学部を首席で卒業したという、優秀極まりない友人がいるのですが、彼女はどんな試験でも、

「過去問にしろ問題集にしろ、最低７回は繰り返した」

と言っていました。「どんなにわからなくても７回繰り返せば内容が自然に頭に入っているもの」だそうです。あの司法試験の問題を７回以上……と想像しただけでも疲れてしまいますが。**「問題集は一度やり終わっても、すぐ次に移行せずに何度も繰り返すべき」というのはほとんどの東大生の中で共通していた鉄則のようです。**応用力をつけるための難解な問題集を除き、問題集は「まず」１冊に集中してとことん基礎を固めることを目標としましょう。

27 「問題集は1冊」にも例外がある

前項で「同じ科目の問題集を買うときは1冊に絞るべき」と述べましたが、唯一例外があります。科目の中でも、ある特定のカテゴリーに絞った問題集の場合です。

例えば、化学の問題集を開いてみると、大抵「理論・無機・有機」の3つのカテゴリーがそれぞれきちんと入っていて、「最初の項から最後の項まで全てやり通す」のが一般的でしょう。でも私は、こうした問題集と同時に、有機だけに絞った問題集『有機化学演習』(駿台文庫)を買いました。センター・東大レベルならばこれ1冊で充分と言われている有名なものです。そして、『有機化学演習』以外の問題集の有機の部分には大きなバツをつけて、全て飛ばしました。唯一、超難問ばかり集めたという『新理系の化学問題100選』(これまた駿台の問題集)は出題形式が東大と似ているのと問題の質が高いために有機のカテゴリーにも手をつけましたが、それ以外は一切無視!

せっかく買った問題集なのだから、全ての問題を解かないともったいない、全ページ終わらせないとなんだか気持ち悪い、と思うかもしれません。でも、特定のカテゴリーをある特化した問題集で勉強する場合、そのこだわりは時間のロスになり非効率です。

「Aの分野はある問題集で完璧にして、他の問題集ではAの分野の問題をやらない」というように、幾つかの問題集を買って、分野により「捨てる」「選ぶ」を組み合わせていく勉強法は、いわば「英語が得意な家庭教師には英語を見てもらう」「数学が得意な家庭教師には数学を見てもらう」という形式と同じです。「有機がバッチリな家庭教師」に有機を教えてもらった後で、わざわざ「有機はそんなに詳しくないけれど全範囲そこそこの家庭教師」にまた同じ箇所を教えてもらう必要はないのです。

私も実用書などで「自分にはためにならない本だな」と思っても、貧乏性が災いし「せっかく買ったから」と一応全部読んでしまうことがあります。が、読んだ後は必ず「時間と気力を無駄に使ってしまった」という疲労感が残ります。受験では時間がいくらあっても足りないので、そんなことをしている暇はありません。**自分には必要ない部分を削るに留まらず、むしろ積極的にためになる部分のみを選んで抽出していく必要があります。**

「1冊の問題集を集中してやり遂げる」というのが基本の考え方ですが、応用的な勉強法として、何冊かの問題集の良いところばかりを寄せ集めていくのも賢いやり方です。

28　不必要な問題集は、容赦なく切り捨てろ

問題集には確実に自分との相性があります。人が良いと勧めてくれたものでも、中を見てみたら字が小さすぎて全くヤル気が出なかった、など。また、大学の出題傾向との相性もあります。東大英語では毎年「要約問題」が出るため、要約の問題集をやっておくべきですが、出ない学校なら全く必要ありません。要約問題集は必要か不要かがわかりやすい例ですが、たまに「やるべきかやらざるべきか……」と悩む中途半端なモノに出くわします。

私が書店で受験コーナーを見ていた際、やけにすごい経歴を持つ人物が書いた問題集を発見しました。東大の理Ⅲをトップで出たとか、その後海外の大学もトップで出たとか……とにかくそんな受験を制した自分が作った問題だからクオリティがすごいぞ、と謳っていたのです。そんなにすごいなら買わなくては！　と、即座にレジに持っていきました。そして、家に帰りさっそく何問か解いてみたところ……「そんなこと絶対受験に出ないでしょ！」とつっこみたくなるような、見当違いな問題ばかりだったのです。そのとき、せ

つかく買った問題集だから続けてやるべきか、やらざるべきかという選択を迫られました。が、結局捨てることにしました。

また母親が、かつて自分が受験生だった頃に一番評判がよかったという英単語集を買ってきてくれたことがありました。しかし、中を開くとあまり見慣れない単語ばかりが並んでいたので、申し訳なく思いつつも別の単語帳で覚えることにしました。

このとき「せっかくだし、どうせなら最後までやっておこうか」と思ってしまうのは非常に危険です。貴重な時間を損する可能性がひどく高いからです。良い問題集はたくさんあるわけですから、出そうもない問題を1問解くなら良問を1問解きましょう。同じ英単語、英熟語でも、あえて覚えにくい形式で書かれたもので暗記するより、自分に相性のよいモノを使いましょう。暗記のスピードが全然違ってきます。

せっかく買った問題集を途中で処分するのはもったいないと思うかもしれませんが、**お金よりむしろ時間を無駄にすることの方がもったいないので、すっぱり切り捨てるという決断が大事です。**時は金なりと言いますが、**受験期は短いし一生に一度のことですから、時＝金でなく、時＞金なのです。**

29 わからない問題はしばらく放置で解決できる

参考書を読んでいても問題集を解いていても、一度もつまずかずに一気に終了できることは少ないです。必ず、よく理解できない問題、解けない問題が出てきます。

その際、いつまでも考え込むよりも、少し考えてできなかったら、チェックマークだけ入れて次に進みましょう。その箇所が理解できなくても、案外、他の部分には影響しないものです。問題点は放置したままでよいので、できるだけ切りのいい範囲までやり終えてしまいましょう。考え込むより、一区切りした後、再びわからないところに戻る方が得策です。**なぜなら、「わからない」「理解できない」ものは、時間がたつと急に解決できることがあるからです。**

その論拠は、脳の「無意識」に存在します。脳は無意識の中で常に「未解決の問題を解こう」とする性質を持っています。そのため、理解できない問題があると、勉強をしているとき以外、例えばお風呂やテレビ、寝る前の時間にもちょくちょく考えてくれます。

ぼんやりとテレビを見ている最中、突然「あ、あれはこういうことだったのか！」と思いついたというような経験はないでしょうか。それは、**無意識がずっと、解決していない問題と向き合っていてくれたおかげなのです。**

もちろん、わからない箇所は寄せ集めてから一気に教師や友人に説明してもらうのも1つの手段です。ただ、自力で解きたいならば、時間をおいてねかせてから再挑戦するのが有効です。

また、どうしても理解できないときは、自分の凝り固まった考えをほぐし視野を広げるため、別の参考書で同じ箇所を読んだり、パソコンで用語を検索したりするのも手軽な方法です。別の視点から、やさしい言葉に置き換えて詳しく書かれていることがあります。

私は数学の積分の回転がどういう仕組みなのか、教科書では全く理解できませんでした。でも図がたくさん載っていてやさしい言葉で解説が記されている「マセマ」の問題集に「バームクーヘンのように考えて」と書いてあり、そこで初めてイメージが湧きました。

また化学では1冊、詳細な説明が書かれたぶ厚い参考書を持っていました。全部読むのではなく、不明瞭な点を後から調べるための辞書のように活用していました。**理解できない箇所でいちいち立ち止まり、1人で延々と悩み続けるよりも、一呼吸入れてから、再度対処していきましょう。**

30　試験本番では、わからない問題は潔く捨てる!!

「やたら問題数が多い、或いは難易度が高いのに時間が短い」タイプの試験というのは、「もとから出題者は満点を取れるようには作っていない」、ということが言えます。そういう場合、全ての問題に手をつけて満点を取るような完璧さではなく、「自分が解ける」と思った問題については絶対にミスをしない完璧さが要求されます。いかにして「自分が解ける」問題を選び出し、点を落とさないかが合否の鍵をにぎっているのです。

東大の数学は「満点を取るように作られていない」顕著な例です。 例年、理系は6問出題されますが、1問解くのにかなりの時間を使うし、相当難しい問題も紛れ込んでいるためほとんどの人が最初から満点を取ろうなんて考えていません。そのため1問目からしっかり解くのではなく、まず6つ全ての問題を読んで、解けそうなものから手をつけ、わからない問題は無視、というのがセオリーとなっています。時間がない中で解ける問題を完璧に仕上げるためには、「これは解けない」と思った問題を思い切って捨てなくてはなりません。前項で述べたように、解けない問題があるとなんとなく気になって、他の問題を解いていてもずっとモヤモヤしてしまうものですが、入試本番では捨てると決めたものはバッサリ捨てるように頭を切り替えて下さい。問題を捨てると、その部分は０点になってしまうわけですから、かなり勇気がいるでしょう。でも、わからない問題に手をつけて無駄に時間を費やすくらいなら、自信のある問題の見直しをした方がよほど合理的です。長い時間をかけて難しい問題に挑戦しても、うっかりミスで答えを間違えても、どちらも点数の価値は変わりません。

私たちはなぜか、解けなかった問題ばかりを気にかけ、うっかりミスはなんとなく軽視する傾向があります。しかしどう考えても、難問を捨てるより、本来なら取れるはずだった点数を引かれてしまう方が、ずっともったいないことです。同じ点数がもらえるなら、長時間で難問を解くより、短時間でうっかりミスがないかを確認しましょう。

国語では、古文と漢文から解き始め、現代文は後回しにした方がいいと言われます。古文漢文は比較的「わかる問題がはっきりする」ので、捨てるべきところを捨て、残った時間を「合っているか自分ではわかりにくい」問題が多い現代文に当てるためです。わかった部分に時間をかけ、わからない部分を捨てる「取捨選択の能力」も、時間が限られている試験では重要となります。

31　効率を追求した「間違いノート」の作り方

私は、ノートはまとめていませんでしたが、「間違いノート」というものは作っていました。自分の中で、頻繁に間違ってしまう箇所、どうしても覚えられない箇所というものが必ずあると思います。それを書き留めて、頻繁に見返すためのノートです。

このノートを作成するにあたり、効率をよくするため注意したポイントが2つありました。1つは、科目別に分けず、全ての教科を同じノートに書いていくこと。もう1つは、長い文章でなく、可能な限り簡潔な単語で書いていくことです。

科目別に分けない理由は、見直しの際に一気に復習できるし、目にする回数が増えるからです。教科別に6冊も7冊もあると、全て見返すのに手間がかかる、1箇所に触れる度合いも減ってしまいます。

簡潔な単語で書く理由は2つあります。1つ目は、ぱっと書けるので時間をとられないからです。

2つ目は、間違えた箇所の全ての文章を書いてしまうとただ読むだけになりますが、単語だけだと、頭の中で問題を思い浮かべ、再考するからです。実はこれが、脳に効率よく刻み付ける方法なのです。記憶力を試す実験で、英単語と意味を暗記させるものがありました。そのとき、単語と意味の両方をただひたすら見て暗記していく方法より、単語を見た後に一度頭の中で意味を思い出し、その後答えを確認する暗記方法の方が、断然強い記憶として残ったそうです。

　例えば生物で、「ｍＲＮＡ」という用語があります。それを書いておくだけで、ｍＲＮＡという単語を覚えられるうえ、「核から出てリボソームまで移動して情報を伝達するものの名称は何か」という問題文も自発的に思い出され、役割も確認できます。さらに他の似ている用語、ｔＲＮＡやｒＲＮＡも連想され、それぞれの違いも思い浮かんできます。逆に、「問題　核から出てリボソームまで移動して情報を伝達するＲＮＡの名称を答えよ」、「答　ｍＲＮＡ」、と丁寧かつ詳細に書いていると、手間と時間がかかるうえに単に読んで終わることが多く、頭に残りにくくなります。

　このノートで間違えたものを何度か確認し、完璧に覚えたらそれ以上繰り返す必要はないので消していきましょう。**最終的に全てを消せたとき、相当な実力がついているはずです。**

32 ノートの横線を無視せよ！

ノートには、大体6ミリか7ミリごとに、罫線（横線）がひかれていますよね。この線を気にしていると、ついつい綺麗に書こうと気をつけてしまいませんか？

私も中学の頃はちゃんとノートをとっていました。でも、罫線のきっちりした並びに従って綺麗に文字を書いていると、

「せっかく整えて書いたものをよごしたくない」

という、気持ちが生まれてきて、図や矢印を書き込んだり、後から情報を付け足したりすることに、なんとなく躊躇したり……。**ノートは勉強するための「道具」なのに、これでは本末転倒ですよね。**

そのため受験時には、暗記する際、とんでもなく粗雑なノートの使い方をしていました。

暗記する語句を声に出しながら書いていくのですが、文字が縦横斜めを気にせず書きなぐられ、数式も斜め、図もそこかしこにバラバラと書かれた子どものお絵かき帳状態。罫線の存在を完全に無視したおかげで「せっかく綺麗に書けたものをよごしたくない」なんて

気はまるで起きず、思いついたことを躊躇なくノートに書き込めるのでイメージが湧きやすくなり（特に数学の図形など）、自分だけが読めるくらいの汚い字で書いていたのでスピードも速かったです。

かつて『東大合格生のノートはかならず美しい』（文藝春秋）という本がベストセラーになりました。タイトルから「いい大学に入るにはノートが綺麗でないといけない」と捉えてしまいがちですが、ここで使われている美しさの意味は、文字や図を丁寧に綺麗に書けということではなく、うまく編集し整理した使いやすいノートを書きましょう、ということです（ただし私は、板書用ならともかく、**暗記のためにノートをまとめる行為はかなり非効率だと思いますが**）。

どうしても綺麗に書こうとしてしまう几帳面な人は、罫線がない白紙のノートか、コピー用紙を使ってみてください。私も、大学では何かが印刷されたコピー用紙の裏などいらない紙を使っていました。

罫線がない状態の紙で勉強することが、いかに自分の脳に自由な発想をもたらし、かつ筆記の速度を上げてくれるか、一度試してみて下さい。

33　完璧暗記にはカードを使った「チラポイ法」！

私が大学にいたときに同級生から教わった暗記方法があります。その名も「チラポイ法」。変な名前と思われた方も多いと思いますが、私が命名しました。友人が、カードをチラッと見てぽいっと捨てる様子を見てつけた名前です。

その友人というのが、薬学部でも成績は断トツトップ、その後世界最高峰であるハーバードの大学院を受けて、なんと特待生で合格しました。その院の受験の際、専門的な化学の英語をきっちり覚えるためにやっていた方法です。**徹底的に覚えたいものがある場合はこの「チラポイ法」を使うと、本当に完璧になります。**

まず、単語帳くらいの大きさのカードを揃えます。そこに覚えたい用語を書き、裏側に意味を。完成したら、トランプのようにシャッフルして下さい。そして、一番上のカードを見ます。すぐに答えが浮かんできたら①へ、悩んだ末に浮かんできたら②へ、全く手が出ないものは③へ、位置を変えて置いていきます。全て終了したら③のカードだけを取り、見直してすぐ意味が出てきたら②へ、出てこなかったら再び③へ。③が綺麗になくなったら、③と同様のやり方で②のカードを繰り返しましょう。

②が終了したら、全てのカードを2、3日放置します。そして、前回と同様に①、②、③に分けて見直していって下さい。3回やって3回とも①にあるようなカードは、既に暗記できているのでゴミ箱に捨てて下さい。

チラポイ法の難点は、カードを作るのが面倒なところです。手間を最小限にするためには量を調整して、全く暗記できず困っているものや、絶対に暗記しておきたいものに限りましょう。間違っても英単語帳1冊分を作るなんて時間がかかることはしないで下さい。

ちなみに、科学界では数千冊の論文雑誌が出ており、中でも世界的に権威のある「サイエンス」「セル」「ネイチャー」を「3誌」と呼びます。

この勉強法を教えてくれた同級生は、米国で発表した論文で3誌に掲載されることはもちろん、特集をくまれたりもしていました。かつ、自身の発見を生かしてアメリカで起業をしたのだとか……。チラポイ法を極めて、とことんストイックに勉強するとそんなところまでいくのだなあ、と感心しました。**世界に通じるまで突き詰めて暗記をしたい人にオススメの勉強法です。**

34　友人に問題を出して自分を知れ

学校の休み時間に問題集を見ながら、或いは自分で問題を作って、友人と問題を出し合うことがありましたが、これは自分の理解度を知るのにとても有効な手段でした。勘違いしやすいのですが、**大事なのは「自分が問題を出す」行為であり、友人の問題に答えるのは、問題集を解いて解答を見るのと同じで、さして重要ではありません。**

自分で問題を出そうとすると、受け身である解く側の視点から、

「もし自分が入試の出題者だったらここを問題にする」

という能動的な視点に移れます。すると、その科目の中で出題されそうな箇所、つまり全体の中で重要なポイントが意識できるようになります。

さらに、問題を出しにくいので、避けようとする箇所があることに気づけます。そこは、自分がうまく解説しにくいところ、言い換えればまだきちんと理解ができていない箇所です。きちんと理解していないためさらなる勉強が必要な部分というのは、**通常の勉強では明確に気づきにくいのですが、問題を出しにくいと感じることではっきりと自覚すること**

ができます。

また、問題を出した後、実際に相手に解答について詳しく説明できるかどうかで、自分が充分把握しているかも確認できます。声に出しての説明はテストでのアウトプットと同じですから、しっかり説明できないあやふやな場所があったら、その部分は復習し直す必要があります。自分では理解したつもりになっていても、**いざアウトプットの段階になると言葉が出てこないというのは試験でよくあることです。**

自分ではきちんと解説できたと思っても、友人につっこまれたり質問されたりすることで、わかっていない場所が新たに明らかになることもあります。なおかつ友人からの問いは、全ての受験生に向けられている問題集の問いとは違い、自分の中で不十分な部位を的確に指摘してくれるのです。

私の友人で自作の問題をわざわざ携帯のメールで度々送ってきた人がいましたが、それでは打つのに時間がかかりすぎます。紙に書くのも手が疲れて面倒です。口頭での問題の出し合いなら、納得できるまで議論でき、時間もかからないので、最も効率的です。

35　携帯を使った最先端勉強法

最近の携帯電話は、スマートフォンが一気に広まったため、インターネットをより簡単に見られるようになりました。指をちょっと動かすだけで、画面の拡大・縮小、スクロールなどができて、本当に便利な時代になったな、と思います（そんなこと言っておきながら、私は未だ普通の携帯なのですけれど）。

そんな時代を反映した、携帯を使った勉強法もあります。

最近、医学部の編入試験に合格した友人は、スマートフォンのカメラで、「暗記しておきたい箇所」をカメラに撮り、移動中などちょっと時間ができたとき、取り出して暗記していたそうです。携帯は、外出時には大抵誰もが常備していて、かつ頻繁に見るものです。記憶は繰り返し見ることによって強化されることを考えるとうってつけの暗記道具だと言えます。

「絶対今日中に覚える箇所」を決めて全てカメラで撮っておけば、暗記する量の目安にもなりますし、重い参考書を何冊も持ち歩かなくても済みます。

最もよく見るのは「待受画面」なので、そこに暗記すべき画像を設定し、覚えたら替えていくのもよいでしょう。また、待受に「スペシャルメモ」（詳しくは56項）を撮ったものなど「目標」となるものをセットしておけば、携帯を見るたびに、脳の潜在意識を刺激し、ヤル気を出すことができます。

私の待受も「目標とするもの」にセットしています。おかげでそのイメージは、携帯を見なくてもすぐに思い浮かぶほど頭の中で強固なものとなりました。

また、勉強するためのアプリもどんどん増えています。英語の辞書も本でめくって探すよりアプリで検索した方が早いですし、暗記用の英単語帳も何種類かあります。文系の人は「世界史と日本史は山川の教科書を覚えれば東大でも充分通用する」と口をそろえて言いますが、その山川の教科書の「一問一答アプリ」も出ていました。

欠点は、そのままネットを始めて脱線してしまいやすいことでしょう。ネットはちょっとだけ見るつもりでも簡単に1、2時間たってしまい、時間を奪っていく危険なものにもなりかねません。

携帯での勉強法は、誘惑に負けない自信がある人だけ試してみて下さい。

36 確固たる志望理由を持て

受験期は誰もが大きなストレスを感じるもので、精神的ストレスがひどいと、そのサインが肉体の不調として現れてきます。私は、まるで船に乗って揺れているかのようなめまいが1年近く続きました。そのために細かい字が読みづらく、問題文でさえ読むと気持ち悪くなりました。理Ⅲで成績が4番だった同級生は精神的負担から胃を痛めて、1時間勉強するごとに1時間休まなくてはならず、休みの日でも最高6時間しか勉強できなかったと言っていました。高2の頃からずっと理Ⅲの模試で最高のA判定を出し（東大模試では、理ⅢでA判定が出るのは上位15人くらいだそうです）合格確実だろうと言われていた友人でさえ、不安定になり原因不明の頭痛に悩まされて1ヶ月勉強を休んだそうです。

受験勉強をしていた頃の話を聞いてみると、少なくとも私の周りではほとんどの人が体調不良になっています。真剣に取り組んでいるからこそ、のしかかってくる圧力と緊張で体調を崩してしまうのです。

体調不良をハンデと受け止めて「勉強がしにくい」と嘆くのではなく、頑張っている人

ほど起きやすいものと捉えて、

「自分は大学に受かるために必要な1つの通過点を通っているのだ」と前向きに思えたなら、少しラクになるのではないでしょうか。

こうした辛い状況やスランプに陥ったとき、大学に対して確固たる志望理由があれば「受かるためにはこれくらいのこと頑張らなきゃ」と思えます。しかし理由がないと、「なんでここまでやらなきゃいけないんだ？」という自分の問いに答えられず、安易な方向へ流れてしまうでしょう。

私には、本を出したいという目標があり、そのためには出版社のある東京に行かなくてはならず、さらに薬学部がある大学で、親の出した「国立大のみ」という条件を合わせると、絶対に東大に受からなくてはなりませんでした。この未来に向けての目標が、受験期の自分を支えてくれたのだと思います。別に東大じゃなくてもいいやと思っていたら、体調不良が起きたときに勉強をやめて、結果を出せなかったと思います。

受験が原因で起きる体調不良は、試験が終わるまでの一時的なものです（私も合格後にはあっさりとめまいが止まりました）。一時的な不調のために、自分の一生を変えてしまうのはもったいない気がします。

薬学部を目指した理由は、医療に興味があったのに加え、本を書くかたわらお金を稼ぐために免許が欲しい、と思ったからです。東大は入ってから2年間の試験の平均点で、3年生からの学部が決まるのですが、その試験では、本番を欠席して追試を受ける場合は点数×8割になるという規則がありました。しかし、第二外国語の試験の2日前、私は腎う炎という腎臓の病気にかかってしまったのです。40度近くの熱を出しつつ、やっとのことで病院に行くと「すぐに入院して下さい」と言われました。それでも、入院を断り家に帰ってテスト勉強をして、死にそうになりながらも本試験を受けました。今思い返しても、「絶対自分は薬学部に行く」という信念がなかったら、そこまでの根性は持てなかったと思います。同様に、同じクラスの友人も薬学部に入りたいがためにインフルエンザでも本試験を受けにきていました（結果、2人とも薬学部という医療の道に進んでいますが……医療関係者の立場からしたら絶対やめてほしい行為ですね）。

東大の中には「医者になりたい」「人の役に立ちたい」「官僚を目指している」など様々な志望理由を持った人たちがいましたが、**実際に結果を出している人たちに共通しているのは、みんな強い意志を持っているということです。**具体的で強い信念があるからこそ、不調を乗り越えていくための力が出せるのではないかと思います。

第3章　科目別の合理的勉強テクニック

37 スランプとは、「階段の踊り場」にすぎない

勉強を始めたからといって、突然全ての科目の成績が急上昇するわけではありません。

例えば暗記科目や、勉強不足だった科目はすぐに結果が出やすいでしょう。しかし基本的に大抵の科目は、しばらく勉強を続けていくうちにある段階で急に成績が上がるという、本当に「階段」のような上がり方をします。あるとき一気に伸びて、その後しばらく現状維持が続くのですが、継続しているうちに、また急に伸びる、といったステップを繰り返していきます。

私はこれを「階段の法則」と呼んでいます。

これが脳のどのような仕組みによるものかはわかってはいませんが、勉強を始めたばかりのときはなかなか結果が出ないもの、と認識しておいて下さい。成績が上がらないからと勉強を放り出して継続をストップしてしまった時点で、次の成績アップの段までは絶対にたどり着けません。難問を「理解する」という感覚も、しばらくの間悩んでいたのに、ふと急にその問題が「わかる」ようになるものです。成績もそれと似ていて、水平状態か

らふと急に上がるときが来るのです。
スランプは、その「階段の法則」が顕著に現れた現象と考えていいでしょう。次の段へ行くまでの道のりが遠いうえに、地面もでこぼこして不安定なので、ずっと勉強しているのになかなか成績が上がらず、点数も一定しません。そうなると焦ってしまったり、ヤル気がなくなってきたりしてしまうものですが、階段の法則を覚えていれば、無理やり抜け出そうとしなくてよいとわかるでしょう。

より高くジャンプするためには、できるだけ足を折り曲げる必要がある仕組みと同じで、深いところまで沈めば沈むほど、より奥深くまで理解し、内容を飲み込めるわけです。**勉強をしてもほとんど変化が見えないときこそ、かえってその科目への理解が深まり、伸びる度合いが高くなるのです。**辛い時期ではありますが、必ず次の段があるので、そこにたどり着くまでの「踊り場」だと思って辛抱しましょう。

苦手科目の克服も同様で、結果が出ないときにこそ「どれだけやったか」で次の伸びが決まります。成績が伸びないと途中で放棄してしまう人が多いのですが、それは単に次の段までたどり着いていないだけなので、あまり心配せず歩き続けましょう。

38 教科ごとに点数を決めて戦略を立てろ！

受験の合否は、個々の教科の成績ではなく全ての教科の合計点で決まります。東大なら2次試験の国語、数学、理科（文系は社会）、英語の4教科で440点満点中、230点が合格ラインだと言われています。もちろん年度ごとに難易度は違いますが、5割とちょっとだけ点を取ればいいわけです。

だからといって、全ての教科で5割以上を狙うのは安直というものです。例えば、数学が他の教科と比較すると飛び抜けて難しいため、半分以上解くには相当勉強しなくてはいけません。だから、数学を低めに設定し、差し引かれた点数をどの教科で何点ずつ埋めていくか、戦略を立てていくべきです。また、理科II類の友人は、「自分は多分物理は0点だった」と言っていました。それでも合格しているのは、他の教科で物理の穴を埋められる点数を取ったからです。自分の得意科目、苦手科目をきちんと自覚して、**各教科で具体的な数値を出して目標点数を決め、合計点を増やすことを意識しましょう。**

私の場合、数学で、最低2問は解こうと仮定しました。理系数学では6問で120点なので、40点＋α（部分点）になります。その後で、英語は比較的得意なので多めにして何点、理科では生物が筆記に時間がかかるので少なめにして何点と、おおよその点数を決めて最終的に２３０点以上になるようにしました。曖昧に5割くらいと意識するより、バシッと具体的な数値を決めてしまうと、その教科に対して自分はあとどれくらい勉強するべきかという指針が立てやすくなります。加えて**東大は、「センターを失敗したら東大を受けろ」と言われるほど、センター試験で差がつかないことで有名です。**センター試験の合計点を５で割って２次試験の点数に加算するので、もし東大受験者の平均より大きくプラス15点の差をつけたとしても、たったプラス３点の差に縮められてしまうのです。それなら、センターの苦手な箇所にやたら時間をかけて65点を80点まで上げるより、２次試験で４点上げるように勉強した方が合計でプラスになります。

また、他の大学ではセンターの生物で取った点数を1・5倍に換算して（70点だったら１０５点にして）２次試験の点数に加えるなど、特定の科目を重要視して合計点を出すところもあります。ならば、その科目を集中して勉強すべきでしょう。

オールマイティーを目指して全ての教科でバランスよく点数を上げるのではなく、細やかな目標を決め合計点を上げることを意識して下さい。

39 数学の応用問題はいくらでも時間をかけろ

数学では、基礎的な問題は自分で解いていると時間がかかるので解法を暗記するのが一番です。受験で出題される問題のパターンは限られており、特に数学に力を入れていない大学では「必ずどこかで見たような問題」が出されるので、パターンを暗記するだけで充分乗り切れます。しかし、数学に力を入れているところは、教授たちがひねった試験を作るので「見たことのない問題」が出され、解くためには「自分で考える力」が必要になってきます。東大の理系数学は制限時間が2時間もあるのに対して、問題数はたった6問しかありません。問題数が少ないのに「そのうち2問だけでもできれば合格する」と言われており、文系なら「1問も解けなくても合格できる」とさえ言われています。難易度が相当高く、1問解くのに1時間かかることもザラにあります。

そういった見たことのない問題を解くためには、基本を覚えた後、応用問題を「とことん自分で考える」ことが必要になります。私の場合は、難問ぞろいで有名な『大学への数学』を出している東京出版の『新数学スタンダード演習』を使いました。『大学への数学』

より は簡単ですが、60年代などかなり昔の入試問題ばかり載っていたため、ほとんど全てが「見たことのない問題」でした。おかげで、いざ解こうとしても、最初のうちは全然手におえませんでした。しかしパターンではない問題の場合、解き方を見て「なるほど」と覚えても、類似問題は二度と出ないと思われるためあまり意味がありません。**知識を増やすのではなく、自分の中の思考力を育てることが目的なのです。**もちろんたくさん問題を解きたいという焦りはありましたが、ぐっと堪えて「1日3問解ければ充分だ」と、決して解答は見ずにじっくりと取り組みました。

すると、深く掘り下げることで、丸暗記だった基本問題の解法や公式の「本質」が徐々に理解できてきて、応用問題を解くための「道具」としてうまく組み合わせて使えるようになりました。**結果、解答を見なくてもいい、つまり計算ミスをしていない限り解けたら必ず答えは合っている、と言えるまでに成長しました。**数学が大の苦手で、1年目は1問も解けなかった私が、最終的に2年目では5問半も解けたのです。

現在、官庁にいる「数学が得意」な理系の友人も、聞けば「1問に2日かけることはしょっちゅうだった」と言っていました。応用問題ではそれくらい時間をかけていいので、自分で考えることが何よりも重要です。

40　数学の基本問題はすぐに答えを見てよい！

数学で公式を教わった際、私たちはいちいちそれを自分で証明しませんよね。公の式ですから「これはそういうものなのだ」と認識し、問題を解く「手段」として用います。過去の偉人が時間をかけて証明した公式を、もし自分が最初から考えて解かなければいけないとしたら相当な時間を要するでしょう。

誰もが知っている「三平方の定理」は、直角三角形の辺の長さでは$A^2+B^2=C^2$（ただしCが最も長い辺とする）が成り立つという、ごく簡単な公式です。問題を解く際には普通に使っていますが、もしこれを「証明してみなさい」と言われたら、やはりちょっと考えてしまうのではないでしょうか。

26項で、受験に出されやすい出題方法というのはある程度決まっていると書きました。その中で**基本的な問題というのは、「公式」と非常に似た位置づけにあります。**例えば、拓殖大学の過去問に「$X^3+3x^2+9x-a=0$が3つの異なる解を持つようなaの値を求めよ」というのがありました。実はこの問題、基本中の基本で、これを応用して他の難しい問題を解くのに使われると言っていいくらい。そう、つまり公式のような使われ方をする問題なのです。しかし、初めて解く場合、基本中の基本でも、初めから自分で解法を導き出すのは結構時間がかかります。私も最初はわからず、しばらく考え込んでしまいました。そこで、もしわからないと感じたときは「即！」解答を見てしまいましょう。

基本問題は公式と同様、応用問題を解くための「手段」みたいなものですから、わからなければさっさと解き方を見て、やり方を覚えてしまった方が断然早いのです。

台形の面積「(上辺＋下辺)×高さ÷２」だって、最初は丸暗記だったはず。そうして実際に使うようになってから、

「台形を２つの三角形に分けて、２つの面積を足して式をまとめたものだ！」

と、ちゃんとわかっていったのだと思います。理解は、使っているうちに後から追いついてきます。

「それでは考える力がつかないのでは？」と疑問に思うかもしれません。前項で述べたように基礎を覚えたうえで、応用問題、発展問題を自分で考えて解けば思考力がつきます。

手段でしかない基本問題に対して考える時間を使うのはもったいないということです。

41 国語の評論文には線を忘れず！

国語の現代文には、小説と評論文があります。評論文は難解でとっつきにくい用語が多いため、長い文章になってくると、結局何を言っていたのかわけがわからなくなることがしょっちゅうありました。また、1文1文しっかり理解しようと読んでいると、途中で、最初の方では何を言っていたか忘れてしまうこともしばしば。

一見すると硬い印象を受ける評論文ですが、構成を意識して読むと、案外単純なことが多いです。大抵1段落の中に1つは、要するに筆者は何を言いたいのかという「まとめの文」があります。あとは、その文を裏付けるための根拠や、具体例、補足の文章で周りを固めるよう構成されています。つまり、用語や言い回しの難しさに惑わされず、構成に重点を置いてみると内容がつかみやすくなります。

私は、その「まとめ」と思われる文に線をひきつつ読んでいきました。そして、**最後に再び線をひいたところだけ読み直すと、全体を見渡せて、「つまりは何を言いたい文章なのか？」**

がぐっとわかりやすくなりました。

「まとめの文」の前には、多くの場合「つまり」「要するに」「結論として」など「今までの文章全てをひっくるめて要約すると」という意味の言葉がついています。この接続詞を意識して読み進めていきましょう。

国語の問題では、「傍線をひいた部位はどういうことか答えなさい」という聞き方をするものがしょっちゅう出ます。最初は「そもそも『どういうことか』、という質問がどういうことか？」と、求められているものがいまいちよくわからなかったのですが、これは「傍線の部分を文中の言葉を使いつつわかりやすく言い換えなさい」という意味だそうです。このとき、「まとめの文」の中に、答えに使えるキーワード的用語が入っていることが多いです。

また国語に限らず英語でも、「文章が段落ごとにシャッフルされているので正しい順序に並べ替えなさい」という問題が出ます。これに関しては「まとめの文」を探すのが最重要で、それを修飾するための具体例や根拠は流し読みでもいいくらいです。

評論文を読むときは、「まとめの文」をしっかりチェックするよう心がけると、難しい文章もとっつきやすくなります。

42 英文を和訳すると成長速度が落ちる

私が中高生の頃「教科書の英語の文章を全て和訳しノートに書いてきなさい」という宿題がしばしば出ました。面倒くさすぎてやっていなかったので、あまり大きな口では言えませんが、今思い返しても、なんて非生産的な作業なのだろうとうんざりしてしまいます。

和訳では、英単語を見て、日本語に変換し、うまく組み立ててきちんとした文章にする、という3つのステップを踏まなくてはいけないため、結構時間がかかります。1文程度ならまだしも、長文を読むとなると、塵も積もって時間のロスは山のようになります。それより、英語は英語として、日本語に直さず英語の感覚で覚える練習をしていく方が、ぐんと読むスピードがアップします。もちろん最初のうちは「英語」↓「日本語」で暗記↓「イメージ」を浮かべる、でも構わないのですが、**徐々に日本語を抜いて「英語」↓「イメージ」に移すよう努めましょう。**

例えば、「apple」という単語を見たとき、日本語の「リンゴ」という語句に訳してから、赤いリンゴの映像を頭に思い浮かべる人はいないと思います。それは、何度も何度も

appleという単語に触れて、自分に染み付いているからです。では「construct」はどうでしょうか。すぐに頭の中に「建物を作っている」映像が出てきた人は多くないでしょう。染み付いていない単語だったら、最初は日本語で「建設する」と覚えるしかありません。

それから徐々に「建設する」という日本語抜きでも、建物を作っているイメージが頭の中に浮かんでくるまで言葉に慣れましょう。**３つのステップから「日本語」の部位を１ステップ飛ばすことにより、読むスピードが段違いに速くなります。**その過程で、和訳は「建設する」という「日本語」をいちいち脳に刻んでしまうため、邪魔な作業となるのです。

一応試験でも「和訳せよ」という問題はありますが、和訳問題にはよく出るひっかかりやすい点、押さえておくべき点が存在するので、専門の問題集で勉強した方が傾向もわかりやすく合理的です。普段から全ての文を和訳する癖をつけてしまうと、頭の中にずっと日本語が残ったままで、**いつまでも３つのステップから抜け出せなくなるので絶対にやめて下さい。**

ちなみにツワモノの友人は、脳内から日本語を排除するため英英辞典で勉強していました。が、英英辞典は覚えなくてもいいハイレベルな受験範囲外の単語も多く載っているので、そこまでする必要はないんじゃ……と私は密かに思っていました。

43　英作文は〝逆に〟低レベルを目指せ！

近年、英語の試験で、書かれている日本語を英語に直すのではなく、英語で自分の意見を述べたり説明したりする「自由英作文」を取り入れる大学が増えています。**自由な分、使う単語の選択肢が非常に多くなるのが特徴です。東大も昔から必ず自由英作文が出題されます。**これに対して点数の付け方は公表されていませんが、各々の受験生の考え方により実に幅広い単語が出てくるはずなので、「加点」形式ではなく、間違えた箇所を「減点」していくという形しかとれないはずです。

それならば、高校で習う難しい熟語や単語を無理に使うよりも、中学1年生でも書けるような非常に簡単な英語を使った方が、ミスが生じません。文章がとんでもなく幼稚だからといって、文法的に合っている限り決してバツにはできないのが、自由英作文のポイントです。

例えば2005年の東大英語では、花が生けてあった花瓶が割れているのを見て怒っている女性と、それをドアの外から見ている男性のイラストが描かれていて、「状況を30〜

40字で説明せよ」という問題が出題されています。このとき、花瓶は決してはずせない単語ですが、花瓶「vase」という単語は、知っている人と知らない人に分かれるでしょう。花瓶はそう難しい単語と言えないかもしれませんが（ちなみに私は書けません）、受験に使う単語は限られているので、あまり知られていない、難しい単語（例えば愛郷心＝「provincialism」とか）が出てくる場合は、他の受験生も知らないだろうと思われます。そういう場合、**問題を作った人は出題意図として「その単語を直接使わないでどうやって切り抜けるか」という柔軟さを見ているのです。**

花瓶なら、花が生けてあるグラス、とも書けます。でも、「生けてある」を正しいニュアンスの英語で書けと言われたら、まだ難しく感じます。ならばいっそ、「花が入ったグラス（the glass of flowers）」と書いてしまいましょう。合っているか間違えているかわからない単語、自信のない表現を限りなく避けて通るのが、減点されない最良の方法です。かなり低レベルで、なんとも曖昧な表現でも、間違ってはいない限り減点はできないはずです。

44　英単語帳だけはカラフルにチェックをつけろ！

6項で、参考書に使う色は1色か2色がよいと書きましたが、例外もあります。**英単語帳など、何度も繰り返して暗記するものには、たくさんの色を使いましょう。**ただし、単語に線をひくのではなく、間違った箇所に、色鉛筆でチェックをするのです。

私は、学校の授業で指定された『英単語2001』（河合出版）という英単語帳を使っていました。これは名前の通り、2001個の英単語が、使われる頻度の高い順に載っていました。

東大の試験では、単語が読めるか、熟語を知っているかという暗記うんぬんより、要約をしたり自由に作文を書いたりと、英語を柔軟に、

「使いこなせるか」

を試す問題が多いのが特徴です。そのため出てくる英単語のレベルはそれほど高くなく、基本的な英単語帳1冊で事足りる程度です。『2001』に出てくる上級の英単語まで全部覚えておけば、単語において人に後れをとることはないと思います。

ただし、**英単語は、英語を使いこなすための最も重要な「基盤」になるものですから、がっちり固めておかなければなりません。**

私は単語帳を何度読んだかわからないほど繰り返しました。あまりに幾度も繰り返したので、前に間違った箇所を再びチェックするとき、いつ間違えたものなのか、かなり前に間違えたものなのかわからず、ゴチャゴチャして混乱することが多くなりました。

そこで、単語の横に黒でバツをつけるのではなく、色鉛筆を使うことにしました。最初に、表紙の裏の白紙の箇所に、「○月○日赤」と、その日の日付と色を書いておきます。そうすれば、今日はどこを間違えたのかがすぐわかります。さらに、最近間違えた単語、昔から繰り返し間違える単語、昔はよく間違えたけれど最近は合っているのでもう注意しなくてもいい単語、昔から全然間違えないので飛ばしていい単語が一目瞭然になります。

こういった「繰り返して暗記しまくるべき」参考書は、色鉛筆でチェックを分けると使いやすくなります。ペンでもいいですが、たまに紙の裏まで染みて見づらくなるので気をつけて下さい。

45　絶対に忘れないゴロ合わせの作り方

ゴロでの暗記は、数字がたくさん出てくる歴史などで威力を発揮します。特にしっくりくるゴロは、映像と感情が重なって鮮明な記憶として残ります。「１１９２年鎌倉幕府の始まり」のゴロ、「『イイクニ』作ろう鎌倉幕府」は、源頼朝が意欲的に新しい国を作ろうとするイメージが即座に湧くからこそ、誰もが知る有名なものになりました。しかし、たまにどうしてもうまいゴロが作れないものがあります。

他に有名な出来事で、「６４５年大化の改新」がありますが、私が聞いたことのあるゴロは、「ムシゴハン（蒸しご飯）」や「ムシもコロさぬ（虫も殺さぬ）」という、あまりしっくりこないものばかりでした。蒸しご飯も、暗殺中に食べている場合じゃないとつっこみたくなりますし、そもそも蘇我氏を殺しているわけですから、虫も殺さぬどころではないでしょう。よく聞くからこそ覚えてはいますが、もしそんなに有名でなかったら、イメージが湧きにくいので違った形で覚えたと思います。

数字の羅列を暗記する際、**「数字を日本語に置き換える」**という方法が結構使えます。

ゴロの日本語変換法

1	あ	い	う	え	お
2	か	き	く	け	こ
3	さ	し	す	せ	そ
4	た	ち	つ	て	と
5	な	に	ぬ	ね	の
6	は	ひ	ふ	へ	ほ
7	ま	み	む	め	も
8	や		ゆ		よ
9	ら	り	る	れ	ろ
0	わ		を		ん

例えば「大化の改新」
6 → は行　4 → た行　5年 → な行
から好きな字を選ぶ
→は　て　ぬ　など

例えば「応仁の乱」
1 → あ行　4 → た行　6 → は行　7年 → ま行
から好きな字を選ぶ
→い　つ　ひ　ま　など

1＝あ行、2＝か行……から好きな文字を選ぶのです。大化の改新なら6＝は行、4＝た行、5＝な行から、文字を抜き出して組み合わせます。例えば「ハテヌ（果てぬ）」はどうでしょう。中大兄皇子が果てぬ夢を抱いて世を変えようとする姿、或いは殺そうとしてもなかなか果てぬ蘇我氏、などなど。私には、有名なゴロよりもこちらの方が大化の改新のイメージとしてしっくりきます。特に後者の蘇我氏だと、グロテスクな映像を浮かべれば強く印象に残ります。

感情の動きと脳へ焼き付く度合いは比例するので、どれだけインパクトのある映像を浮かべられるかが勝負となります。だから、言葉と映像の選択は非常に大切です。

日本語変換法は、最初のうちは使いにくいかもしれませんが、表を机の横に置いておくとか、テスト中は答案用紙の隅に表を書いておくなどして慣れてくれば、とても便利な暗記法となります。注意すべきは、日本語変換したものとゴロで覚えたものをあべこべにして間違えないように、という点ですね。ゴロである「イイクニ」を日本語変換と勘違いして、１１２５年としないようにして下さい。

46　歴史、地理は漫画を活用せよ！

「漫画なんて読んでいないで勉強しなさい！」

というセリフは子どもに対する親の常套句ですが、漫画は勉強に悪影響を及ぼすどころか、役に立つ部分が多いのです。

東大文系の友人に歴史の勉強法を聞くと、かなり多くの人が「漫画を読んだ」と言っていました。 名前と出来事を教科書の字で追っていくよりも、漫画の絵で、顔や表情を見ていく方が記憶に残りやすいようです。脳に強く印象づけるためには、感覚・感情を伴った、ストーリー性のある暗記法が有効です。教科書で「源義経」「徳川家康」という字面だけ見ていても、実に無機質な暗記になってしまいます。それよりも漫画の方が、人物の苦悩や喜びの表情が描かれているのでイメージとストーリーも捉えやすいし、実際の人間としての親近感が持てて、ぐっと有機的になります。

「過去に本当に存在した人なのだ」

とリアリティを持つため、漫画に限らず、資料集などで実際の顔を見てみるのも効果的です。

『ヘタリア』（幻冬舎コミックス）という国を擬人化した漫画はかなりオススメです。世界中の国が個性的なキャラとして動き回っていて、様々な出来事を楽しく知ることができます。**世界史が大の苦手だった私も、この漫画を読んでから、マイナーな国の歴史が身近になり興味を覚えるようになりました。**『ヘタリア』のいいところはちゃんと史実に基づいていることです（例えば日本ならば、長期間鎖国をしていたので引きこもりの過去があり、製品の小型化が得意など）。仲がいいキャラと悪いキャラによって国の位置や関係もわかりやすいので、地理を覚えるのにも役立ちます。

漫画は何度も簡単に読み返せるので全体像を把握するのにも便利ですし、勉強ではなく娯楽気分で知識を増やせるのも利点ですね。

漫画に加え、今はゲームやテレビでも歴史ものが流行っています。それらを勉強に生かす際、最も注意すべきなのは、

「それらがきちんと史実に基づいたものであるか」

ということでしょう。その点では、教育のために作られた漫画は間違いありません。ただ事実かどうかはおいておいても、人物に対し親しみを持つきっかけとして、まずイメージ化したものを見ることはオススメです。

第4章　最新脳科学に基づいた超効率的暗記法

私(杉山)が作った「スペシャルメモ」。潜在意識に働きかけてやる気をアップさせます。詳しくは148ページ。

47 短期記憶が長期記憶に移る仕組みとは？

学校のテストを一夜漬けで乗り切った経験、誰もが持っているのではないでしょうか？しかし受験ともなると、覚えるべき知識は学校のテスト範囲なんて比にならないほど莫大な量となるため、とても一夜漬けでなんとかなるものではありませんね。だから、少しの量しか覚えられないうえ、すぐにスルッと忘れてしまう弱い記憶（短期記憶）から、莫大な量をしっかり長期間保管する強い記憶（長期記憶）にもっていく必要があります。

この2つはよく聞く有名な単語ではありますが、**「短期記憶」と「長期記憶」とは具体的にはどういうもので、どうすれば移行していくものなのでしょうか？　これは受験を制するうえで知っておくべきポイントでしょう。**

脳内では、そもそもこれら2つの情報を置いておく「場所」からして異なります。短期記憶は海馬（かいば）、長期記憶は大脳新皮質の側頭葉という「倉庫」に貯蔵されます。短期記憶は、一時的に脳に置いておけるものの、倉庫が狭いために、他の情報が入ってきたらすぐに捨てられてしまいます。対して長期記憶は、倉庫が広く使えるので、どんなに長い時間でも、どんなにたくさんの量でも（無限大と言われているほど！）ストックできます。

たとえるならば、脳内でパソコンを開いて、ワープロソフトを使ってぱぱっと書いた文章が短期記憶です。これは、別の言葉を上書きすれば簡単に消えてしまう、その場限りのものです。これを、ハードディスクにきちんと記録させて保存しておくことが長期記憶に移す行為になります。記録用ハードディスクは、脳が無料でいくらでもくれると考えて下さい。

一夜漬けで得た知識は海馬に置かれるものがほとんどなので、次の日にはさっぱりと忘れてしまうものが多いと思いますが、きちんと保存して長期記憶に移行させておけば、次のテストでもばっちり思い出すことができるのです。この、短期記憶から長期記憶に移す、つまり海馬から側頭葉に場所を移動させる作業のことを専門用語で「精緻化（せいちか）リハーサル」と言います。

リハーサルは「何度も繰り返す」ことにより行われます。勉強でいえば「復習」にあたります。

脳は短期記憶にある情報を「特に必要じゃないもの」と思っているためにすぐに捨ててしまうわけですから、

「これは重要な情報なのだ！」

とわからせる必要があります。だから、何度も繰り返し「復習」して、その情報に触れさせることで脳に大切だと教えてあげるのです。そこでやっと脳は、短期記憶の情報を、「これだけ何度も同じ言葉が来るのだから、自分に関係してくる重要なものなんじゃないか？」

と理解して、長期記憶の倉庫まで持っていくわけです。覚えにくい単語でも、30回聞けば長期記憶に移るという話を聞いたことがあります。とにかく何度も何度も触れることです。

また、「きちんと理解したこと」は自然と長期記憶に入ってくれます。数学の公式も、「どうしてこの公式が導かれるのか」と理解できたら、もう忘れることはないでしょう。いちいち全ての公式を導いていたのでは時間が足りなくはなりますが……。他にも、例えば歴史を勉強する際に、単に年号と人物を暗記するのではなく、背景にある「エピソード」と絡めて覚える方法があります。これは「エピソード記憶」（50項参照）と呼ばれ、やはり長期記憶に入ってくれます。

48 「エビングハウスの忘却曲線」でわかった最強の暗記法

前項では、短期記憶から長期記憶に移すためには復習が大切だと書きました。が、その復習にも、効率のよいタイミングというものがあります。例えばすっかり忘れてしまった頃にやっても、全く思い出せなければまた最初から解くことになり、二度手間になります。

間違えた箇所の復習は、その日のうちに必ず1回、さらに忘れかけた頃に再びやるタイミングが、記憶に定着しやすいとわかっています。

記憶・暗記に関しての最も有名な実験と言えば、**ドイツの心理学者、エビングハウス**のものでしょう。

彼は、teyやharなど、子音・母音・子音３つを適当に組み合わせた意味を持たない単語を暗記し、時間の経過によりどの程度思い出せるかを調べました。結果は、20分後には42％を忘れ、1時間後には56％、1日後には74％、1週間後は77％、1ヶ月後には79％を忘れてしまうというものでした。そこから作られたものが「エビングハウスの忘却曲線」

というグラフです。彼の実験を活用すれば、最も理にかなった復習の方法がわかります。

グラフによれば、人は1回の暗記で1日後には74％を忘れてしまい、1ヶ月後には79％を忘れています。この、

「たった5％しか違わない」

という結果は、**1日たってしまえば1ヶ月後の記憶とそんなに変わらない程度しか覚えていない、という驚くべき事実を表しています。**そのため、間違えた箇所の復習はその日のうちに1回、必ずやっておくべきです。1日目に復習した記憶は、もはや短期記憶ではなく中期記憶あたりにあります。短期記憶よりは強いけれど、長期記憶までは届かない程度の記憶です。ここに入っていれば、1日よりやや長い期間、脳の中に留まっていてくれます。そうして、翌日忘れてしまうギリギリのところで再び復習しましょう。これを、長期記憶に入ってくれるまで繰り返します。

私は、当日に復習した後、必ず1日目、2日目、3日目も見直すようにしていました。最初のうちに強い記憶として固めておいた方が、長く覚えていられるし、関連する他の問題も解きやすくなるからです。

49　睡眠の前には暗記もの！　朝と夜の勉強役割分担

短期記憶を長期記憶に移すための手段として、睡眠の効果が謳われています。心理学者のジェンキンスは、被験者たちに暗記作業をさせて、一方の人たちには眠ってもらい、もう一方の人たちには起きていてもらう、という実験を行いました。その後、記憶力を確かめると、眠った被験者たちの方が暗記したものをよく覚えていた、という結果が出ました。

睡眠は、

「その日あったことを脳に定着させる」

役割を果たすとも言われています（逆に、徹夜での暗記はかなりの労力を使いますが、8時間たてば9割は忘れると言われていて、長い目で見れば非常に効率の悪い勉強法です）。

さらに睡眠が記憶と関係することに関して、大学時代に興味深い論文を読みました。人間は夢を見ているときも脳神経が活性化するのですが、その神経を調べてみたら、なんとその日の起きていたときに使った神経と同じ場所が活性化していたそうです。

例えば、睡眠直前にリンゴを思い浮かべたら、夢のさなかに、リンゴを思い浮かべるときに使われた脳神経が再び活性化するということです。この働きはまさに、短期記憶を長期記憶に移すための「繰り返し」、「復習」と同じ作用をもたらしますね。夜に映画を見たり、漫画を読んだりすると、それらが夢に出てくることがしばしばあると思います。それは睡眠が「直前に見たものを覚えようとしている」、つまり脳に定着させているわけです。

私は夜の睡眠に限らず、ちょっとした昼寝のときも、寝る直前に暗記をして、起きた後に少しだけ復習していましたが、これは非常に効果的な勉強法です。勉強の順番としても、寝る直前の暗記は理にかなっているからです。

朝起きたばかりだと頭はすっきりしていますが、夕方あたりには既に頭が疲れてへとへとになってしまうもの。だから、**朝は数学の問題を解いたり英文を読んだりなど、頭が鮮明なときでないとできないものから手をつけた方が得策です。**

最初から英単語や生物の名称の暗記を始めると、頭の中に情報がいっぱい詰め込まれて、早い時間からずっしりと重くなります。その後で数学の問題を解けと言われても、重い頭では回転が鈍くなり、なかなか発想が出てこないものです。それより、暗記ものは寝る前に手をつけた方が、頭がギュウギュウになるまで重くなっても起きたときにはすっきりしているし、記憶も定着しているしで、一石二鳥です。

もし眠くなってもすぐに眠らず、少しだけ頑張って記憶したいものに手をつけておくと、睡眠を利用して暗記分野がスムーズに進むのです。

東大薬学部の友人も、朝は他の時間より頭が働くと感じて、

「なるべく朝に勉強すること」

を習慣にしていました。そして、その習慣を社会人になった今も続けています。いわゆる「朝活」というやつです。朝の時間は、新しい企画、会議の課題の決定など「ひらめき」が必要な作業に使い、夜になるにつれてより単純な事務作業へと移していくそうです。

ただ、「朝だから」「夜だから」ときっちり区切らなくても、どれだけスッキリしているか自分の頭と相談して、勉強する教科を選べばよいと思います。受験時は、夜でも寝て休憩した後は頭が軽くなっていることが多かったので、その後は、やはり数学など「考えること」が必要な教科をこなしていました。自分の脳の「お疲れ度合い」を測りながら、やるべき教科を決めていくと効率的です。

50 印象に残る「エピソード記憶法」の秘訣

長期記憶を種類別に分類したものの1つに「エピソード記憶」というものがあります。エピソード記憶とは、その名の通り物語として記憶しているものです。いつ、どこで、何をしたかに加え、そのときの感情が脳に刻まれます。

例えば、私は小学生のときに初めて漫画を買ったのですが、書店に行くまでの経緯、ワクワク感、漫画のタイトルを今でも思い出せます。非常に鮮明な思い出としてしっかりと残っているにもかかわらず、とりたてて頭の中で反芻していたということもない、つまり復習を必要としない記憶です。だからこの**エピソード記憶というのは単純な暗記よりも効率がいいと言えますね。**

歴史で言えば、1945年は、戦争が終結した年です。年号と出来事を覚えるため、まずはゴロを考えてみます。19では、一休さんを思い浮かべて下さい。45というと、私が最初に浮かべたのは「死後」ですが、「一休さんの死後に戦争が終わった」といっても、「それはそうでしょう」と思うだけで、**普通すぎて印象に残りません。**そこで45を「ジゴロ」に替えます。そして、一休さんとジゴロが、戦争が終わった焼け野原を２人で歩いているところを「映像」で頭の中にイメージしてみて下さい。「なんでこの２人が一緒に？」と考えると、勝手に脳内でエピソードが作られていきます。

この映像、なんとも奇妙なインパクトがありますよね。エピソード記憶の特徴として、エピソードに対する感情が、

「どれほど強いか」

により、記憶の強さが左右されます。

イメージをより強く焼き付けるためには、４５は「死後」とか「良い子」とかよりも「ジゴロ」のような単語を用いてインパクトのあるおかしな映像を作った方が覚えやすくなります。

最初に買った漫画にしても、買った際にすごくワクワクしたからこそ今でも覚えているのでしょう。よく「最初に買ったＣＤは何ですか？」という質問がありますが、これも大抵の人は歌に思い入れがあることを前提としているからこそ多い質問ですよね。「最初に買ったティッシュはどこの会社のものでしたか？」と聞かれても、さっぱり覚えていません。

私が最もエピソード記憶を使った科目は、やはり理系の暗記科目の最たるものである生

物でした。

例えば、タンパク質に糖の鎖をつける役割を果たす、細胞の中にある器官「ゴルジ体」。ゴルジタイ、という単語から、まず「ゴルゴ」が何かを「辞退」している、というイメージが浮かびます。「タンパク質」はそのままプロテインで、ゴルゴがジムへ行き身体を鍛えるときに飲みます。しかし彼は実はかなりの甘党なので、専属トレーナーが渡してきた普通のプロテインを飲むのを「辞退」し、飲料カップの中にどばどばと「砂糖」を入れます。ゴルゴは砂糖が大好きなので、袋に入れていつも自分の腰に「鎖」でつないでいるのです……。

なんとも馬鹿馬鹿しいエピソードができ上がりましたが、「ジムで渡されたプロテインを飲むのをゴルゴが辞退し、山のように砂糖を入れる」イメージは、超一流スナイパーであるゴルゴが砂糖を持ち歩くほど超甘党で、意外に可愛らしい一面がある、というあたりのギャップが強く印象に残りますよね。こうして完成したエピソードを頭に描き、忘れないよう、参考書の単語の横にちょこっとイラストや言葉を添えておくのです。

暗記ものは、映像とエピソードを組み合わせてみると面白いし、かなり楽に覚えられます。ぜひ試してみて下さい。

51　たくさんの量を覚えるのに効果的な方法とは？

人間は、同じ単語を20回〜30回繰り返して聞くと、脳が必要性を理解して短期記憶から長期記憶へ移すことができるそうです。また、エビングハウスの忘却曲線から忘れかけの頃の復習が大事だとわかっています。

長期記憶の1つに、「プライミング」という無意識的に出てくる記憶もあります。最初に頭に入っている知識が後から入ったものに影響を及ぼすという、いわゆる先入観に近い性質です。

例えば「あおはあいよりいでてあおよりおあし」という、「あお」がたくさん出てくる文章を読んだ場合。漢字で書けば「青は藍より出でて藍より青し」ですね。でも最初のひらがなの文章、最後のあおが「おあ」となっていますが、気がつきましたか？　これは「青は〜」ということわざを知っていることと、「あお」という言葉が何度も出てきたことにより、「あお」に脳が慣れて「おあ」を「あお」と誤読してしまうという現象です。

この **「慣れ」「先入観」は勉強方面でも利用できる、なかなか役立つ脳の機能なのです。**

参考書も英単語帳も、最初に読んだときより、2回目3回目と読んでいったときの方が、徐々に馴染みやすく、理解や暗記がしやすくなります。これは、プライミング効果により1回目の記憶が脳内に残っているためです。

これらのことから、大量の暗記をする際には、1回で細かく覚えるより大雑把に何度も繰り返す方が楽に覚えられます。

例えば、英単語を100個覚えるとします。このとき、1日10個ずつしっかり暗記するのを10日コツコツ続けるより、大雑把でいいので1日で100個覚えてしまい、その復習を10日間繰り返した方が良いのです。前者のように1日目でどんなにしっかり覚えたところで、長期記憶までもっていくのは難しいでしょう。後者は何日も同じ単語を耳にし復習することになるので、脳の深くまで入っていきます。

私は、英単語の暗記を、『英単語2001』（河合出版）を使い1日50個覚えるようにしていました。 友人に「1日で50個なんて、本当に覚えられるの？」と驚かれたことがありますが、勿論1日で完璧に覚えていたわけではありません。1日目で50個をアバウトに暗記して、そこから何日も繰り返して復習し、記憶を固めていったのです。

52 感覚フル活用で脳を活性化させろ！

人間には視覚、聴覚、触覚など様々な感覚があり、これらの情報を脳に届け、さらに体中に伝えるため、運動神経と感覚神経が張り巡らされています。

アメリカの神経科学会で、走ることにより脳の前頭極（記憶、判断力、決断力を司る場所）が活性化されると発表されました。また、「運動によりうつや認知症になりにくい」、「ピアノは指を速く動かすため脳の働きがよくなる」、ということも言われています。神経から伝わる刺激と脳は密接に関係しあっているのです。ただ頭を使うだけでなく、周囲から受ける刺激もフルに用いながら勉強をすると、脳の活性を強められることがわかっています。

私は、暗記の際、主に「ノートに覚えるべき単語を声に出しながら書きなぐる」という方法をとっていました。この**「書きなぐり勉強法」は、原始的ではありますが、脳の感覚・運動機能を存分に動かしていて、非常に効率的なものです。**

まず暗記する際に、手を動かし書くことで触覚を使っています。当然、その字を目で見ているので視覚も使っています。単語を声に出すために口を動かしていますし、それが耳に入るときに聴覚も活用されます。素朴な勉強法ですが、脳をフルに活性化させ、記憶を助けることに関してはとても理にかなっているのです。

中学1年のときに英語の塾に通っていたのですが、そこでは生徒2人でペアを組み、毎日電話で暗記すべき英文を読み合う、という宿題がありました。これが予想以上に効果的で、ちゃんとやったときとやらないときではテストの点数が全く違いました。テスト中、英文が頭の中で友人の声と重なって浮かんでくるのです。**「聞く」という聴覚による勉強は普段そこまで使われませんが、相当な力を発揮するので、活用しないともったいないと思います。**今はスマートフォンも出て、アプリを使えば電話も安くできますし、友人や家族と一緒に声と耳を使って暗記してみるのもいいと思います。

脳へのお手伝い程度ですが、良い香りで嗅覚を刺激するのもいいと思います。私はアロマディフューザーを購入して、部屋にアロマの香りを漂わせています。ユーカリやローズマリーは集中力を高め、レモンは意欲を高めてくれます。時間がないと焦っているときは、ストレスを解消しリラックスできるクラリセージやラベンダーの精油を入れています。勉強時の補助的なアイテムとしてぜひ活用してみて下さい。

53　リズム記憶法は死ぬまで忘れない！

「うれしいひなまつり」は誰もが知っている童謡です。「明かりをつけましょ　ぼんぼりに　お花をあげましょ　桃の花　五人囃子の笛太鼓♪」という歌詞を、私たちは容易に頭の中で思い出せますよね。でも、**もしこのバックに曲が付いていなかったら、果たして誰もが同じように、一字一句間違えず、しかも長期にわたってこの文章を暗記していられるでしょうか？**　また、ほとんど記憶がないほど小さな頃なのに、母親が歌っていた子守唄だけはしっかり覚えていたりしませんか？　認知症になった私の祖母も、孫の名前は忘れているのに歌の歌詞はしっかり覚えていました。実は、**聴覚で記憶したことは、脳が記憶として置いておく場所が他のものと違うところにあり「忘れにくい」性質を持っています。**

芸術に長けている感覚的な人は右脳が、論理的思考に優れている人は左脳が発達しているとよく言いますね。私たちは、音楽でもペットの声でも耳から何かを「聞く」とき、感覚として「右脳」で情報をキャッチします。しかし、例外があります。人が「話す言葉」は、言語の理解、分析をするべく左脳にも入っていくのです。暗記をするときに、右脳と左脳がうまく協力し合って記憶をしてくれるというわけです。視覚だけで暗記した場合より、視覚と聴覚を合わせて暗記した方がよい結果が出た、という実験もあり、科学的に証明されています。これを**「モダリティ効果」**といいます。

テレビドラマでも、印象的な映像にテーマとなる音楽を重ねたシーンが最も印象に残りやすいですよね。逆に、曲から映像も浮かんできます。私はセリーヌ・ディオンの歌「マイ・ハート・ウィル・ゴー・オン」を聞くと、未だに映像として「タイタニック」のシーンが頭に浮かびます。それほど、視覚と聴覚は記憶として結びつきやすいのです。

そこで、覚える数がそこまで多くない暗記もので、かつしょっちゅう使うものは、歌やリズムにのせて覚えていました。例えば、古文の助詞は「桃太郎」の歌に合わせました。「が〜のをにへと　よりから　にてして〜（にてしては早口）」といった感じで、それ以外の言葉は格助詞ではない、という判断に使っていました。**もう10年以上前に暗記した格助詞を今でもしっかり思い出せるあたり、リズムにのせた暗記はかなり深く記憶される方法だと言えます。**

欠点を言えば、音楽に歌詞をうまくのせるのが難しい場合があることです。誰かに教わったり、ネットで探してみたりすると、自分で作るより簡単で早いかもしれません。

54　落ち込みから素早く抜け出す方法

私は模試で最低のＥ判定と低い偏差値を延々と取り続けていましたが、悪い成績も毎回だと慣れてしまうもの……かというとそんなことはなく、結果を受け取るたびにいちいち深く落ち込んでいました。沈んで勉強する気がなくなることもありましたが、諦めるという考えは絶対に持ちたくありませんでした。

では、どうやって乗り越えていたかというと、自分で集めた名言を読んでいたのです。普段から気に入った名言を見つけたらそれをノートに書き留めて、沈んだときは繰り返し読み、気分を「転換」していました。

ＮＬＰ（神経言語プログラムという体験の構造を探究する心理学で、現在は大手企業でも取り入れられている）の創始者であるリチャード・バンドラーの名言に**「失敗は存在しない。ただフィードバックがあるのみ」というものがあります。これは、私が見つけた失敗に対する名言の中で、トップレベルの「転換力」を持っています。**

こうした言葉のおかげで、いつまでも悲観的にならず、改善すべき点を探し客観的に自分を捉えられたからこそ、勉強法を根底から見直してみようという発想に至れたのです。すごくひどい成績を取ったときの「悲しい」「悔しい」という感情は「もっと頑張らなくては」という強い原動力にもなります。当時、悪い成績は失敗のように見えたけれど、今改めて見ると、フィードバックにより、よい効果を生み出してくれたわけです。テストで問題がわからなくて間違いばかりだったとしても、「フィードバック」して復習すれば、まだその分だけ多くの知識をつけられる、人よりたくさん伸びしろがあるとも捉えられます。**つまり失敗とは、むしろ有り難いものなのです。**

また、成功の法則を研究したナポレオン・ヒルは、著書の中で何度も「逆境の中にはすべてそれ相応かそれ以上の大きな利益の種子が含まれている」と書いています。成績が悪い、問題を解いても間違ってばかり、だから志望校のレベルを下げよう、という考え方は失敗のレベルに自分を合わせてしまう、最も成長しない道でしょう。失敗の中から種を見つけて育てるか、放棄するかは、全て自分次第なのです。

落ち込んだときは、しばらくは塞ぎこんでしまうこともあるでしょうが、ずっと布団の中にくるまっているより、名言ノートを読んでみると、気分をプラスに転換しやすくなります。

55　勉強時は試験時と同じ環境を作れ！

自分の部屋にいるとき、ガムテープが必要になったので居間まで取りに行くと、テレビがついていたのでそちらに気をとられて何をしに来たのか忘れてしまい、自分の部屋に戻ってから「そうだ、自分はガムテープを取りに行ったんだった！」と思い出したというようなおっちょこちょいな経験、ありませんか？

これにも理由があって、**何かを思い出すときには、記憶したときと環境を同じにすると再生率が著しくアップすることが実験で証明されています。**

心理学者のゴードンは環境と記憶力の関係を調べるために、被験者たちを水中と陸上に分けて、水中の人には酸素ボンベをつけてもらいつつ、同じ単語を暗記させました。その結果、水中で暗記した人は水中の方が、陸上で暗記した人は陸上の方が、記憶の再生率が断然よくなることが明らかになりました。これを**「物理的復元効果」**と呼びます。

ここから、勉強するときと実際に試験を受けるときは同じような環境である方がよいということが言えます。もちろん自分の部屋で本番の試験を受けるわけにはいきませんから、物理的に似たような環境を作り出せばいいのです。もし勉強中にいつも膝掛けをかけていたなら試験中もかける、勉強前にチョコを食べていたなら試験前も食べる、服装を同じにする、などなど。

また、心理学では緊張を和らげるために、

「普段から使っているもの」

を身につけたり握ったりするのが効果的ということもわかっています。私は、受験勉強をしていた間はずっと同じ1本のシャープペン（といっても全く高価なものでなく、100円で買ったものでしたが……）を使っていました。手に馴染んで使いやすかったという理由もありますが、そのシャープペンを持つと気持ちが自然と勉強の方に向くのです。他のものを使うとなんとなく慣れなくて、そわそわしてしまうほど。勿論、入試本番も使い慣れたシャープペンを使いました。

ここから、**普段使い慣れた筆記用具を持って試験に挑むのは、平常心を保つうえでも、記憶を再生するうえでも大きな効果をもたらすと言えます。**筆記用具でなくても、着慣れた洋服、常に持っているお守りや目薬など何でも構いません。が、試験中は英語が書かれた服を着ていてはいけないし、ティッシュも中身だけしか机の上に置けないなどの制限があり、筆記用具以外は持って入れないことが多いので注意が必要です。また、本番前になったら試験の時間に合わせて、同じ教科を同じ時間配分で勉強するとよいと言いますが、これは体内時計を調整する意味でも、環境を似せるという意味でも効果があります。

暗記した場所の写真を見たり、頭の中でイメージとして思い浮かべたりするだけでも、記憶の再生率が上がることもわかっています。これらのことを考えると、**普段勉強するときはなるべく決まった場所と決まったもので行った方が、試験のときに再現しやすく、適していると言えますね。**

「物理的復元」に加えて、**「心理的復元」**というものがあり、やはり記憶の再生率をアップさせるのに有効とされています。マルパスの実験というもので、事件を起こした犯人の顔を思い出させるためには、事件当時の感情や行動を思い出してもらってからの方が、断然記憶の再生率がよいとわかりました。つまり、暗記したときと同じ気分になること、取り組む姿勢を同じにすることも、記憶を呼び起こすために威力を発揮するのです。

56　潜在意識を味方につけろ！

自分の志望理由・信念をより深め、確固たるものにするにはどうしたらいいでしょうか？

受験中は、やりたいことを抑圧しなくてはいけない分、大学に入った後のことを想像して「これをやりたい」「こうなりたい」という欲求がどんどん出てくるものです。「一人暮らしをしたい」という日常的な願望から、「宇宙について研究をしたい」という将来的な目標まで、様々なものがあると思います。志望理由に加え、こうして出てきた欲求を、全て紙に書き留めてみましょう。

さらに、より鮮明かつ具体的なイメージを作るために、それらに関係する絵を描いたり、雑誌を切りぬいたり、写真を貼ってみたりします。私はこの紙を、

「スペシャルメモ」

と呼んでいます。そのメモを、勉強する際に机の上に見えるように置いておくのです。そうすると、メモを見るたびに受かりたい気持ちが強くなり、勉強に対してヤル気が湧い

てきます。

勉強中は、視野が目の前のことに集中しやすく、「もうやりたくない」という気持ちが頻繁に出てきてしまいます。そんなとき、「合格できたらこんなことが待っているよ」というご褒美を書いたメモが目に入れば、前向きに頭を切り替えやすくなります。

また、人間の行動の大部分は潜在意識が支配しているという説があります。人間の意識は氷山の一角のようなもので、普段から考えていること、自覚できるものはちょこっとだけ上に現れていますが、海の下には巨大な潜在意識が沈み隠れています。例えば、じゃんけんをするとき。最初は「何を出そう」と意識して考えるかもしれませんが、あいこになった場合、すぐに次の手を出さなくてはいけません。じっくり考えている時間がないまま、自然と手を出しているでしょう。このとき、統計的に「グーを出す人が多い」のです。ここに潜在意識が関わっています。グーは、パーやチョキに比べ、ぐっと指を丸め込んだ「保守的」な形をしています。あいこになると、勝てなかった結果、攻撃よりも負けを恐れる気持ちが潜在意識に伝わって、いつの間にか守りに入っているのです。だから、あいこになったときにはパーを出しておくと勝ちやすくなります。

いつの間にか勉強ではなくじゃんけんの効率的な勝ち方のお話になってしまいましたが、

こういった些細な「いつの間にかしている行動」は、潜在意識の力によるものです。

「じゃんけんで最初に何を出そうか」という「意識」は操ることができても、**「もう少しヤル気を出そう」といった潜在意識は自分では動かせません。しかし、働きかけて影響を与えることは可能です。**その方法は、頻繁に「頭の中に思い浮かべる」ことです。やりたいことを曖昧な状態で放置せず、スペシャルメモに書いて、ことあるごとに見ていれば、何度も頭に入ってきて潜在意識に深く刻まれていきます。寝る前に思い描くのも効果的です。スペシャルメモの効果は**科学的にも立証されています。**ハーバード大学の研究では、被験者たちに、自分が将来やりたいことを紙に書いてもらいました。すると、10年後、**紙に書いた人たちは普通の人たちに比べ目標の実現率が倍以上高くなっていたそうです。**

スペシャルメモを作ることで、やりたいことが意識上で明確になるうえ、潜在的な「受かりたい」意識も高まって、積極的に受かるための行動に移りやすくなります。つまり勉強がしやすくなるのです。

私は、ヤル気を出す道具として今もスペシャルメモを作っています。目標達成のためには、意識に加えて潜在意識にも協力してもらいましょう。

第5章　合格する人の学習時間管理術

57 縦横時間表、塗りつぶしは赤鉛筆で！

私は毎朝、欠かさず「その日にやること」を書き込む時間表を作っていました。「この科目を何時からどれくらいやろう」という計画を30分単位（細かいときは15分単位）で横軸上に区切り、おおまかな予定を立て、勉強しながらずらしたり削ったりしました。「10時から数学を1時間、11時からは30分休憩」と時間を決めてしまえば、もし数学を早く終わらせたらその分が休憩時間として増えるわけですから、**だらだら勉強することなく、スピードを意識して意欲的に取り組めました。**

時間表は、予定を立てるだけでなく、後から見直すことも大事です。あまり勉強しなかったときは反省につなげて「巻き返すために次の日はいつもより2時間長くやろう」と、調整できます。

単に食べたものをノートに記録していくだけの、

「レコーディングダイエット」

というお手軽なダイエット法があるのですが、時間表はこれによく似ています。このダイエットには、「食卓に置いてあったからお菓子を食べてしまった」というような、ついつい惰性で食べてしまうのを防いで食事スタイルを見直し、改善する効果があります。また、記録を見て「今日はこれだけしか食べなかった」「甘味を我慢した」という達成感を得ることにより、脳から神経伝達物質ドーパミンが放出されます。ドーパミンは、人をプラス思考に導く性質を持っているので、痩せようというヤル気をさらにひき出し、良い循環が生まれます。

時間表をつけないと、1日の勉強した時間の感覚は曖昧になります。それより時間表をつけた方が、

「自分は今日こんなに勉強したのだ！」

という度合いを目で見て認識できるので、**ずっと強く達成感を得ることができます。**その達成感から出るドーパミンには、ヤル気を出す作用があると書きましたが、その中に「より知識を得たい」「活動したい」という「学習欲求」を強くする作用があるのです。これを、勉強時に利用しましょう。

達成感を得るために、時間表に加え、暗記や問題を解くときに使用したノートも捨てずにとっておきました。次々にたまっていく「勉強した証」を見るたびに「こんなにいっぱ

い勉強したのだから、自分はきっと合格できる」という自信にもつながっていきました。

また、1日で合計どれくらい勉強したかをひと目で把握するために、勉強を終了した箇所（例えば10時から11時まで勉強したとしたらその範囲）をシャープペンで黒く塗りつぶしていました。受験時は、シャープペンで黒く塗っていましたが、最近は赤鉛筆を使うようにしています。『夢に日付を！』（渡邉美樹著／あさ出版）という手帳術の本に載っていた方法を参考にしているのですが、**赤鉛筆で塗りつぶすと、下に黒で書いた文字が消えずにはっきり読めるのです。**そうすると、後からの見直しがやりやすくなります。

受験時は1週間分の軸がある時間表を使っていたのですが、最近では2週間分ある時間表を2枚つなげて、合計1ヶ月分のものを作って使っています。こちらの方が「1ヶ月は残りあとこれだけしか時間がない！」と広い視野で時間を把握しやすいです。加えて、時間表の余白を使い、縦軸も利用して記入できるのが大きな利点です。「2日から13日の間に問題集Aを終了させる」と日にちをまたいで月単位の計画が立てられます。以前は月単位のものはカレンダーに記入していたのですが、**横と縦を使って「1日の予定」と「日をまたいだ計画」を全部まとめて書ける方が、やるべきことの時間感覚がつかみやすいです。**

時間表を作る際の注意点として、予定を立てるときのポイントは、「1日の計画を詳し

２週間分の「縦横時間表」

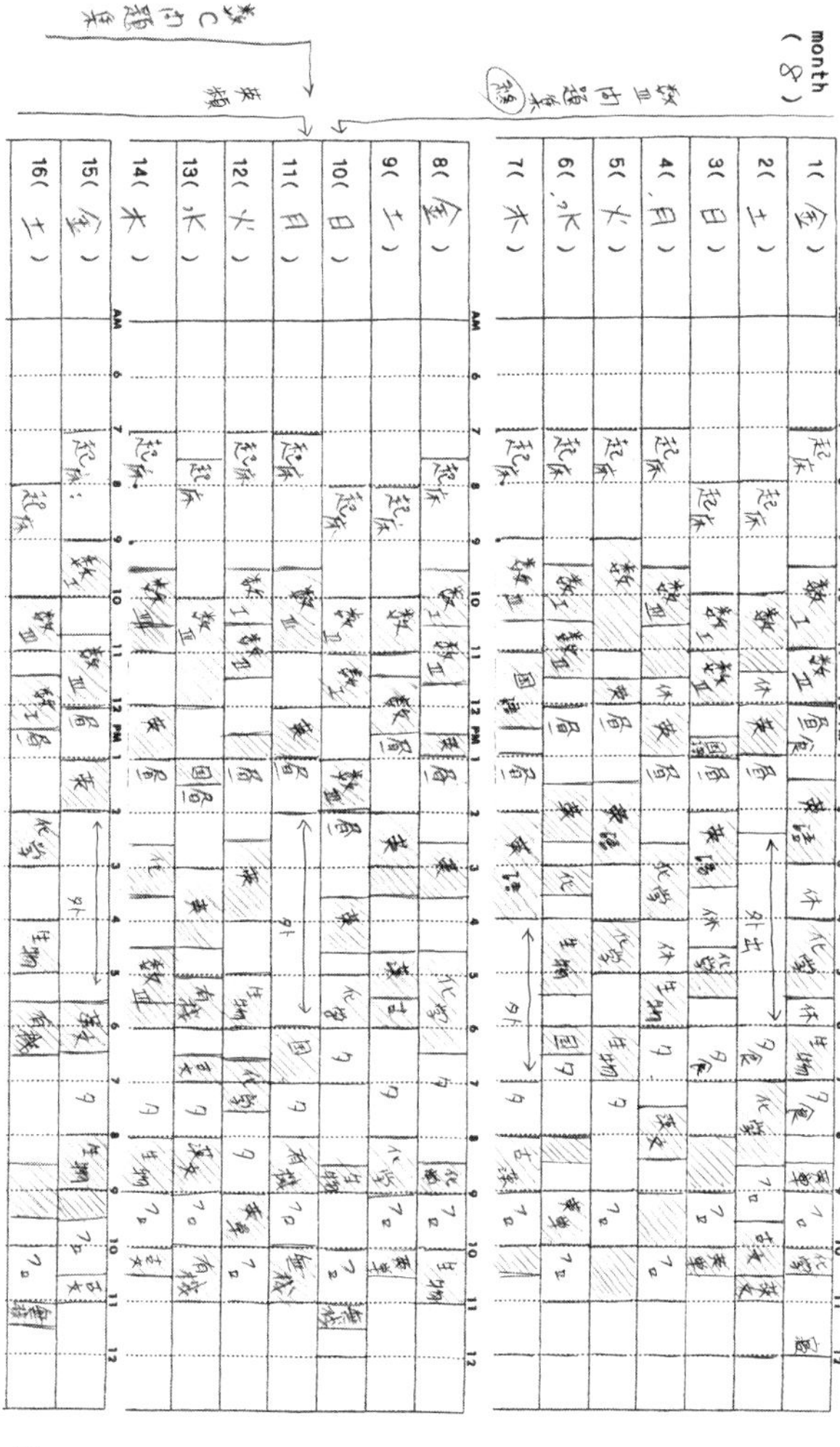
month
(8)
AM 6 7 8 9 10 11 12 PM 1 2 3 4 5 6 7 8 9 10 11 12
1(金)
2(土)
3(日)
4(月)
5(火)
6(水)
7(木)
8(金)
9(土)
10(日)
11(月)
12(火)
13(水)
14(木)
15(金)
16(土)

くきっちり立てないこと」です。「予定は未定」ですから、そこで悩みすぎても時間の無駄になります。勉強の進み具合や調子、気分は毎日違ってくるので、時間表に立てた通りに全てきっちり進めようとすると、せっかく調子がいいのに予定の時間が来たのでストップさせてしまうことになり、かえって効率は落ちます。

1日の予定は、**大雑把で適当なものでよく、必ずしも忠実に守るべきものではありません。** いくら時間表を使って2時間数学をやると決めても、2時間使ってだらだらと勉強していたのでは成績は上がりませんから、問題集を「何時間やるか」を優先するのではなく、「どこまでやるか」を決め、それと時間表の予定がずれた場合は時間表の方を修正します。

時間がずれた場合には柔軟に対応していきましょう。「今日できなかった分」があるならば、「明日は数学を多めに」と再度計画を調整すれば済みます。焦っていると短時間に大量の計画を詰め込んでしまいがちですから、1日の終わりに予定と現実の進行度のズレを見て「自分のペースはこれくらい」と把握し、省みて今後に活かすことが大切です。**特にセンターのような問題を解く「速度」が重要な試験では、自分のペースを知っていることはかなりの強みです。** ちなみに私は話し方も動作も人より遅めなので、センターでは時間調整にかなり苦労しました。

ただ、「1日の計画」は詳しくきっちり立てなくてもいいですが、「中期的な計画」はできる限りきっちり立て、ズレないように気をつけて下さい。

中期的な計画というのは、例えば「6月までに参考書Aを終わらせる」というような、1年間の中の月単位での計画です。そこを決めれば「この問題集を6月までに終わらせるには1日最低5ページ解く必要がある」といった、具体的な数も割り出せます。4ページしかできなかった日は、次の日に6ページやります。

大学入試本番の日から逆算して、いつまでにやっておくべき問題集を終わらせるという計画を立てていくことで、最終的には「終わらせておきたいこと」全てを完了することができます（ただし、問題集は冊数より同じものを繰り返しやることが効率的なのを忘れずに！）。

これは受験以外の、全ての目標達成の方法として言えることです。「やるべきこと」を終わらせるために、締め切り日から逆算して、具体的な数字を設定し、ペース配分を決めることが、着実に目的地までたどり着けるかの鍵となります。

58　勉強してはいけない時間を作れ！

勉強は仕事と同じで、どこまでやればＯＫという「終わり」がありません。細かく知識を求めようとすれば、次から次へいくらでも掘り下げられてしまうものです。

受験中は、風邪をひかないようにするなどの身体的な管理に加え、精神的な管理も大事です。ただでさえ大学に合格できるかどうかで不安定になりやすい時期なのに、好きなモノを我慢したり、いやでもたくさんの勉強をやったりしなくてはいけないのだから、疲れて当然です。精神が参ってくると、心身症と言って、体に不具合が現れてくることがあります。

前述しましたが、私を含め、友人たちも皆、受験中は心身共に不調になったと言っています。私はストレスで1年以上めまいが続きましたし、友人たちは、原因不明の頭痛に襲われたり、目がかすんで見えにくくなったり、胃が痛くてご飯が食べられなくなった、と言っていました。

負担を軽くするためには、スケジュールを調整し〆切を設けて、適度に休むことが必要となってきます。勉強をすることも大切ですが、物理的に勉強しにくい体調になってしまうと当然効率も悪くなってくるので、自分を管理することも非常に大切なことです。

薬学部の同級生は、自分の管理のために勉強禁止日を作っていたそうです。その日は絶対に勉強に手をつけず、思いっきり好きなことをして、ストレスを発散させるのです。

しかし、**時間がなくて焦っているときは、逆に勉強していないことがストレスに感じてしまうことがあります。**私の親も、勉強の気晴らしに外食に連れだそうとしてくれましたが、外食すると普段より時間がかかってしまうし、胃が弱って食べ物に興味も湧かなかったので、逆にストレスを感じました。そういう人にとっては、1日勉強を禁止すると、勉強しない自分を責めて自己嫌悪に陥り、逆効果になってしまいます。

1日中禁止までできなくても、勉強禁止時間、つまり1日の中で絶対に勉強してはいけない時間を作ってみましょう。

やみくもに勉強しても、やみくもに遊んでも、バランスを崩しやすい時期です。自分をうまく管理して、適度に休むことで溜まった疲れを取っていきましょう。精神的に無理をしないことが、結局は肉体にもつながっていて、勉強の効率も上がってきます。

59 自分時計を設定せよ！

私はしょっちゅう遅刻してしまうので、家の中にやたらたくさん時計を置いています。洗面台、お風呂、台所、リビング……数えたら自分の部屋だけでも4つありました。その中に、他と比べて全然時間が合っていないものが1つ、仕事机の上に置いてあります。これこそが、私の昔からの必需品、「自分時計」なのです。

イギリスの世界標準時間を基に針を合わせた、**「現在、何時なのかを知る」という普通の時計に求める用途とは異なり、自分時計は私自身のみに焦点を合わせて使います。**

時間を計りながらの勉強は一般的な受験生もやっていることでしょう。制限時間を設定することで、ダラダラと勉強してしまうのを防ぐことができますし、模試や本番前に、テストの時間に合わせて問題を解くのは、時間の感覚をつかむため有効な手段です。

ただ、普通の時計を用いているだけだと不具合が生じるときがあります。例えば時計を見て、10時37分というような中途半端な時間だったら、大抵は8分後の45分になってから、或いは11時からと、きりのいい時間から勉強を開始しようと思ってしまうものです。でも、たった8分だって、5回重なれば40分になります。8分では、休憩しようにもたいして休まりませんが、40分もあれば、かなりゆったりと息抜きができます。

そこで、実際の時計は10時37分だろうと、自分時計を12時00分きっかりに合わせてしまうのです。そうすればきりがよくスッキリ始められるし、10時45分からスタートするよりも、何時間何分進んだのかが計算せずとも一瞬でわかります。

自分時計は、一日の中でしょっちゅう時間を12時に設定し直すので、後ろにあるネジをちまちまと回していると、面倒で結構ストレスがたまります。ほとんどの時計は画面の前にガラス板がついていると思いますが、少しでもストレスを感じる環境を減らすため、私の自分時計はガラス板を取り外しています。そうすれば、ネジでなく直接長針と短針を手で動かせてしまうので、簡単に12時にセットできます。

「ストップウォッチでも良いのでは？」と思うかもしれませんが、それだと「過ぎた時間」はわかってもタイムリミットに対する「残り時間」を頭の中で計算しなくてはならないという欠点があります。同様の理由で、デジタル時計を自分時計にすることもお勧めしません。**アナログ時計なら、ひと目で「過ぎた時間」と「残り時間」がわかり、さらにその2つの比率も一瞬にして感覚的につかむことができます。**

60 習慣は自分で作れる！

夏休みのだらだらした生活から、学校が始まり急に規則正しい生活をしなくてはいけなくなると、最初のうちはなかなか辛いものです。

しかし、規則正しい生活を続けていくと、時間がたつにつれて徐々に適応して、朝早く起きるのも普通に感じるようになりますよね。また、日頃から短時間しか勉強していないのに急に長時間机に向かい続けるのはなかなか難しいことですが、いつも長時間座っているといつの間にか平気になっています。でも数日の間、勉強をしないでだらけてしまうと、いざ再開しようとしてもなかなか手につかないという状況に陥り、再び調子が戻ってくるまでに時間がかかります。

こういった現象は全て、「習慣づけ」に起因しています。

例えば、朝起きたら顔を洗うこと、ご飯を食べたら歯を磨くことは、習慣づけされているために、ごく当たり前の作業としてこなしています。同様に、浪人時代、私の中では朝ご飯を食べた後に２〜３時間勉強するのが「習慣」になっており、そんなに苦痛も感じないでスムーズに行動に移せていました。もしも今、朝食後に３時間連続で勉強しろと言われても、きっと途中で投げ出すと思います。

「習慣づけ」は大脳の「新しい環境に適応する」ための機能です。**この働きを「馴化（じゅんか）」と呼び、辛いことでも継続させる力をつけてくれます。**

私の経験からですが、たった４、５日続けることで馴化が生じます。朝３時間勉強するにしても、初めは面倒くさく、きついことに感じられるでしょうが、５日以上集中して続けてみると、継続が当然のことに変わり、徐々に負担が減ってきます。

ただ、その辛い習慣を始める「最初の一歩」が難しいのだ、と思うでしょう。私も、勉強すべきなのはわかっているのに、なんだかヤル気がしなくていつまでもゴロゴロしてしまい、どうしてもヤル気のスイッチが入らない……ということがよくありました（という か今もあります）。そこで、どうやってそのスイッチを入れるか、が課題となりますね。

脳には「側坐核（そくざかく）」というヤル気をつかさどる部位が存在するのですが、ドイツの心理学者エミル・クレペリンが発見した、

「作業興奮」

という作用を使うと、比較的簡単にそこが刺激されます。

勉強に対してヤル気がゼロでもいいので、まずは形だけでも机に向かってみます。そうすると、なんとなく手が伸びてシャープペンを動かし、気づかないうちに自然と集中している、なんてことが起きます。宿題をやりたくないと思いながらでも、とりあえず椅子に座って机の上に宿題を広げてみると、いつの間にか手をつけているものです。「ヤル気を出そう」と頭で考えるだけではなかなか動いてくれないのですが、実際に体を動かしてみると、意外にあっさりとスイッチが入るというひねくれた性質、それが作業興奮の力です。

受験は長期戦になります。**効率よく勉強するためにも、なるべく少ないストレスで長い時間継続したいものです。**そこで、まず「作業興奮」で辛い作業の最初の1歩を踏み出し、それを5日連続で続けて「習慣」にしてしまえば、「きつい」という感覚が徐々に薄まって、負担が減るはずです。

61　周囲に「目標が一致する人」を集めろ！

私が東大に入った後の話になりますが、同級生には「長時間連続で勉強しても、それくらい当たり前」という努力家が非常に多かったです。みんなで一緒に試験勉強をしていたときも、友人たちは「たった5時間しかしてない」「まだ5時間か」なんて言葉をサラリと口にしていました。５時間勉強するなんて相当すごいことだと思っていた私は、その台詞を聞いたときカルチャーショックを覚えました。と同時に、**きつかった5時間の勉強がなんだか当たり前で、ラクなことに思えてきたのです。**「長時間勉強でも普通」という認識は、試験を乗り切るためにとても好都合で、頼りになるものでした。

受験や試験など、頑張ることが要求されるときには、**周囲に「努力が当たり前」と思っている人がいる場合といない場合で、精神的負担がまるで違います。**

地方にあり、ほとんど東大に入る人がいない高校に在籍していた私は、「東大に行きたい」と言っても、最後まで周囲に「無理だ」と反対され続けました（その学校内で補習にひっかかる成績を取っていたせいもあるのですが……）。その周囲の声は、「自分が東大に受かるのはこれ以上ないほど難しいことなのだ」という考えを固めていき、おかげで東大に挑むというプレッシャーはずんずん大きくなっていきました。**これはかなり損な環境だったと思います。**多くの生徒が東大に入るような進学校では、レベルが高い大学を志望してもおそらく反対されずに「頑張れば大丈夫」と応援してくれるでしょう。

達成したい目標がある際に、「全然雲の上の話ではない」「頑張ればできる範囲」という認識や、努力に対し「それが普通」という認識を持つ人が周囲に多いと、自分もできるはずと自然に思えてくるものです。

朱に交われば赤くなる、というように5時間勉強しても周囲に「それが当然」という意識があると、その中に混ざっている自分もそれが「普通のこと」に思えてきます。逆に同じ5時間でも、自分一人がひたすら勉強していて、みんなが遊んでいる中にいると「自分はなんでここまで頑張っているのだろう」と疲れてしまうものです。**やけに自分ばかり苦労をしているような気分だと、継続していくには強靭な意志が必要になります。**

「合格は難しすぎる」と気負うより「合格は難しくない」と思える方が、精神的に随分ラクになるでしょう。だから、受験期には「すごく頑張っている人」が側にいると、自分も頑張りやすくなるのです。

62 できる受験生の睡眠ルール、徹底追究！

頑張ろうという気持ちに関係なく、睡魔は否応なしに襲ってきます。私も受験時には眠気にかなり苦しめられました。脳をフル回転させた後や、ご飯を食べた後などは特に眠くなります。また、人は半日周期で眠くなるようにできているそうで、夜たくさん寝ても、昼にも再び眠気のピークがくることになります。**もうろうとした頭で勉強しても、質が格段に落ちるし、量をこなすにも時間がかかります。**また、眠気に抗うとかなりの体力を消耗するので、余計なストレスを溜めないためにも眠いときは寝てしまいましょう。

休憩時間で睡眠をとるとき、私はしっかり疲れを取ろうとベッドに入って寝ていました。もちろんちゃんと目覚ましをかけていましたが、半分寝ぼけているせいもあり、時間になっても目覚ましだけ止めて二度寝に突入して、起きてから後悔することも数えきれないほどありました。

医学部の同級生は、私とは逆に「絶対にベッドには入らない」ように意識していたそうです。夜はベッドで寝ますが、勉強中に休憩で眠るときには、起きやすいようにあえて

「眠りにくい無理な体勢」をとっていたそうです。

例えば、勉強中机につっぷしたままの状態で寝る、ベッドでなくかたい床の上で横になる、などなど。そういう体勢で寝ると、体が居心地悪いと感じて、だいたい30分くらいで勝手に目が覚めるのだとか。これならば、「いつまでもグダグダして起きられず、いつの間にか夜になっていた」などという悲劇を防ぐことができます。ちなみにソファは気持ちがいいのでやや危険をはらんでいるそうです。

とはいえ受験期は「とにかく時間が足りない」という問題があり、常に「眠くなったら寝る」を繰り返していたのでは、時間のロスが大きくなっていきます。眠らずにうまく眠気を分散できるならば、それがベストでしょう。**そこで、眠気をなくすためのポイントを紹介します。**

まず、食後の睡眠欲に関してです。食事をすると、胃や腸に血液が集中して脳の酸素や糖の濃度が少なくなってしまいます。すると脳の満腹中枢が刺激され、副交感神経が働いてリラックス状態になるため、必然的に眠くなります。エネルギーを生むため糖と酸素が使われるのですが、胃腸で大量にエネルギーを使うのは、たんぱく質と炭水化物を消化するときです。そのため本気で集中したいときは、**消化にほとんどエネルギーを使わない**

「フルーツ（果糖を含んでいます）」を食べるのがいいのです。

また、眠気対策として覚醒作用があるカフェインの摂取が有名ですね。カフェインは、飲んでから約30分後に効力を発揮するので、眠気のピークが来る30分前にはとっておきましょう。カフェインと言えばコーヒーですが、お茶や紅茶にも同等かそれ以上のカフェインが入っています。市販されているカフェイン剤や、「眠眠打破」「レッドブル」などの飲料を使うのも１つの手段です。

他に、ミント味のガムを噛むのも有効です。噛む行為は、脳の血流を増やす効果がありますし、ミントは刺激物なので脳に刺激を与え、気分もすっきりとリフレッシュできます。

脳の二酸化炭素が増えるということも、酸素が足りなくなる原因です。室内の二酸化炭素濃度が濃くなるにつれ眠くなるので、部屋の換気も頻繁に行いましょう。

あと、お風呂に入った後に眠くなるという人も多いと思います。これは体がリラックスするからだけでなく、**眠気は体温が上がっている状態から生じやすい、という理由もあります。**そのため、風邪をひかない程度に体を冷やすのは理にかなった眠気撃退法です。上着を脱いだり、冬に窓を開けたりして、体に寒さを感じさせましょう。法学部で首席だった友人は、洗面所に冷たい水をはって、目が覚めるまでそこに手を入れていたそうです。

ここまでくると、気合いと根性ですね。

睡眠時間を削って、夜も短時間しか眠らずに勉強する人も大勢いますが、当然、夜にしっかりとした睡眠がとれていなければ、日中に響いてきます。勉強は「質×量」、眠い目をこすって長時間勉強してもろくに頭に入ってこないでしょう。夜中までずっと勉強するより、ちゃんと深い睡眠をとるように努めるべきです。

また、夜の睡眠を削って勉強に励んでいる人たちは、「昼寝をするなんてもってのほかだ」と思うでしょう。しかし、昼寝の有効性に関して非常に興味深い論文が発表されています。睡眠は暗記したものを脳に刻み付ける役割を果たすとお話ししました。それに注目したカリフォルニア大学サンディエゴ校の精神医学部は、研究により、

「1晩分の夜の睡眠と20分の昼寝を比較すると、同じくらいの記憶の定着効果をもたらす」

という衝撃的事実を明らかにしたのです。

また同大学では、高齢者では睡眠時間の「長さ」が、若年者では眠りの「深さ」が記憶に関して重要な要素であることを指摘しました。睡眠は、まず夢を見る浅い眠りの「レム」があり、その後夢を見ない「ノンレム」が4段階の深さまであります（レム睡眠は体

の疲れを取り、ノンレム睡眠は心の疲れを取ります）。深さが重要ということは、夢を見ない状態のノンレム睡眠をいかにうまくとれるかがポイントということです。

４段階の深くまで到達するにはリラックスした状態で眠る必要があります。「眠ってはいけない」なんて罪悪感を抱いたままの睡眠では、脳が緊張してゆっくり眠れないはずです。そんな考えは捨てて、「睡眠は記憶の定着によいのだ」としっかり認識し、夜はぐっすり眠りましょう。また直前に何かしら暗記をしておくと眠りをさらに有効に使えます。

睡眠を邪魔モノ扱いせずに、積極的に勉強の中に取り入れていきましょう。

ちなみにレム睡眠とノンレム睡眠は、個人差はありますが２つ合わせて90分周期で繰り返されると言われているので、90分の倍数である６時間か７時間半が、睡眠の切れ目であり、ちょうどすっきり起きられる時間です。

昼寝をする際は、深い眠りに入っているノンレム睡眠の途中で起こされると頭がぼんやりした状態になるので、眠りすぎないように気をつけて、20分以内の睡眠にとどめておきましょう。

ただし注意点として、午後３時以降に昼寝をすると、体内リズムが乱れて夜の睡眠に支障をきたすと言われています。良い眠りのためにぜひ参考にして下さい。

63 見たいテレビは必ず録画で！

基本的に、休憩時間にテレビを見ることはオススメできません。

私は、サッカーや高校野球のようなどうしてもリアルタイムで見たい番組以外は全て録画していました。そうして休憩の時間に、その録画した番組を見るようにしていました。

勉強の合間の休憩時間は大体30分か1時間とっていましたが、テレビも、大抵が30分か1時間番組です。もし30分休憩しようと思っても、リアルタイムで1時間番組を見ているとやはり続きが気になってしまい、なかなか踏ん切りをつけることができません。そして、結局はもう30分休憩を延長してしまうのです。

また30分番組でも、コマーシャル中に次の番組の予告が入ると、特に見たいと思っていたわけでもないのになんとなく気になって、ずるずると次の番組まで見てしまうことがあります。

そんなことをしていると、時間表に大幅なズレが生じます。私はテレビを見てしまうと、高確率で誘惑に負けて、自分の意志の弱さに対し自己嫌悪に陥りました。そして、受験に関係ない家族が時間を気にせずテレビを見ているのを見ては「自分ばかり我慢しなくてはいけない」と思ってまたストレスになりました。

でも、

「見たい番組を録画」

しておけば、そういった問題が解消できるのです。１時間番組でも、30分30分に分けて見ることができます。いつでも好きなところで区切ることができて、好きなときに続きが見られます。

コマーシャルで次の番組の予告が入っても、もう既に放送されてしまっているものなので、見たくても諦めざるを得ません。パソコンの強制終了と同じで、見たい欲求を強制終了してくれるのです。

また、リアルタイムで見るとテレビの時間に合わせて休憩時間を調整しなくてはならないため、問題集に集中している途中でも席を立ってしまうことがありますが、録画なら自分の休憩時間にテレビの方を合わせられるのです。

64　携帯・パソコン依存から脱出する方法

最近では、「スマホ中毒」という言葉ができたくらい、ずっと携帯を触っている人が増えています。メールの着信音が鳴ればすぐにチェックして返信、誰かといるときも頻繁に画面をいじり、常に持っていないと落ち着かなくて、忘れたら学校に遅刻してでも取りに帰るのだそうです。

私は、携帯はそんなに使いませんが、パソコンで調べものをしている途中についに他のサイトも見てしまい、そのままネットサーフィンに突入して、気がつくと2、3時間もたっていたなんてことがあります。ネットを見ることがしっかりした休憩になるならまだしも、かえって目と頭が疲れてしまうことが多いため、自己嫌悪に陥ることもしばしば。

特に時間が限られている受験時では、「つい見てしまう」なんて理由で時間を浪費してしまうのはもったいないし、他の受験生に差をつけられる原因になりかねないので、非常に危険です。

携帯やネットをいじりすぎるのは「習慣」になっているからで、一度きっぱり絶ってしまうと今度はそちらが習慣に変わり、なくても特に不自由を感じず生活できます。私は受験時には、携帯はほとんど使わないように気をつけていました（機械音痴が幸いしてパソコンは使い方がよくわかりませんでした……）。**今でも、集中したいときは絶対に携帯を部屋の中に置かず、音を消して遠くに放置しています。**

パソコンと携帯を「見ないようにする」という断固とした意志が持てればいいのですが、それでもダメなら**「見づらいようにする」のも1つの手です。**

ブックマーク（お気に入り）から消しておくと、いちいち言葉を入れて検索しなければ目的のサイトまでたどり着けず手間がかかるため、私の場合これで随分「つい見てしまう」が解消されました。

サイトに鍵をかけて、パスワードを入れない限りサイトが開かなくなるアプリも存在するそうです（どうせなら「暗号を解かないと開かない」くらいの難易度にしてもらえば絶対見なくなると思うのですが）。

解約できたら一番ですが、そういうわけにはいかない人の最終手段はネットを一時的に「使えなくする」ことです。パソコン（ウィンドウズパソコンの場合）の「スタート」から「マイ　コンピュータ」を選択し、「ハードディスクドライブ」を右クリックします。

そこの「プロパティ」で「ツール」のタグを選び、「エラーチェック」を押します。その後再起動させると、30分から2時間は、強制的にパソコンが使えなくなります。さらに、エラーチェックが終わればパソコンの動作が速くなっているので、得した気分になれます。

第6章　受験生を伸ばすために親がやるべきこと

65　子どもにプラスになること、マイナスになること

受験期に、私が親に対して最も嫌だなぁと思ったのは、休憩しているときに、

「勉強しなくて大丈夫なの？」

といった勉強を促す言葉をかけられることでした。そんなことを言われると、せっかく休憩しているはずが、なんだか疲れてしまうのです。身近な相手なだけに揉めてしまうこともあります。

受験で最も人生が左右されるのは、当然親ではなく子どもであり、子ども自身それをよくわかっています。自分で考え、判断し、納得したうえで行動しています。だから、子どもは親が見ていないところで、親が思っている以上に勉強しているものです。

「勉強しなくて大丈夫なの？」なんて言葉が出てくるのは、親が子どもの勉強している姿を見ていない証拠でもあります。そうなると子どもは、

「自分はこんなに頑張っているのに全然見てくれていない」

「認められていない」

と孤独を感じてしまいます。「自分は頑張っているのに、しっかりできていないと思われている」と**否定的な感情にさせヤル気をなくしてしまうことを、この後（69項）で詳しく説明する「ゴーレム効果」といいます。**

似たような心理の仕組みに、努力逆転の法則（ラベリング）というものがあります。例えば、

「遅刻しないようにしなさい」

と言われるとします。すると、「遅刻しないようにしなきゃ」と気をつけるあまり、「自分は遅刻をする人間なんだ」ということも同時に脳に刻みつけてしまうため、言われた通りの、してはいけない言動をとってしまうのです。小さなミスをしないようにしなさいと注意されれば、逆に小さなミスをするようになるし、勉強しなくてはいけない、という注意は、自分は勉強していない人間なんだ、という思いを呼び起こします。

努力逆転の法則を避けるためには、「してはいけない」といった否定的な言い方ではなく、

「こうなるといいね」

という希望を含んだ言い方をしましょう。「こうなればいいね」と言った方が、事実そ

の通りになることが多く、子どもの負担も軽くなります。

また、認めていることを強く示すためには「頑張ったね」と成果を評価することが有効です。誰でも、頑張っているところを見てもらって褒めてもらえれば嬉しいし、意欲も出てきます。逆に、頑張っているときに「もっと頑張りなさい」なんてことを言われると、不快になりヤル気がなくなってしまうのは、誰もが経験したことがあるでしょう。

受験時に親にしてもらった行為で最も嬉しいと感じたのは、やはり認められる行為でした。勉強中にお茶を差し入れしてくれたり、糖分であるケーキやおにぎりを持ってきたりしてもらうと、頑張っているのをわかってくれている、応援していることを行動で示してくれていると感じ、ヤル気につながりました。

勉強は基本的に1人で行う孤独なものなので、誰かが後ろから支えてくれていると感じられれば、心強く、精神的にラクになります。「ちゃんと勉強しているのか？」という親の心配もわかりますが、その気持ちを**ストレートにぶつけても、かえって子どもの負担になってしまうことがある**ので気をつけて下さい。

66 親子でできるカンタン勉強法

私が中学1年生のときに通っていた英語塾では、生徒が2人ずつペアを組んで「電話で毎日英文を読み合う」という宿題があり、ちゃんとやった週のテストと、やらない週では記憶度合いが全く異なり結果は雲泥の差だった、と書きました。口から発する、それを耳で聴くといった方法で得た記憶は、単に頭の中で言葉を反復するだけの記憶とはまた別の場所に置かれ、強大な動力をもってアウトプットを助けてくれます。

口と耳を使った暗記をする際、友人と問題を出し合うのもいいですが、相手の時間の都合もあると思うので、最も気軽にできる相手は親でしょう。「ちょっと後にして」と言われたとき、友人だと実際に忙しかったからなのに「もしかして迷惑だったかな？」と勘ぐって、気を遣ってしまうことがありますが、親なら実際に忙しいかどうか見ればわかるので、言葉通りに受け止められるものです。

私は、自分で暗記した後、アウトプットの確認を母親に手伝ってもらいました。問題集から母親に出題してもらい、それに答えるのです。

「なんとなく覚えている」程度のうろ覚えでは、口に出して答えるのは不可能です。頭の中で理解したつもりになっていても、**実際のテストできちんとアウトプットができなければ意味がありません。**また、単語帳などでは載っている場所や順番で「次の単語の意味は○○だ」と覚えてしまっていることもあります。親に単語帳を渡してランダムに出題してもらえば、きちんと暗記できているかどうかを手軽に確認できます。

さらに、**親に対して問題を説明することでも、自分の理解の度合いを確認できます。**親から、

「どうしてこうなるの？」

と質問されることで、自分では見つけにくいアウトプットが不十分な箇所もわかります。

受験に精通していない限り、親は問題に対しての解き方を知らない（或いは忘れている）わけですから、知識がまっさらな状態で子どもの説明を聞くことになります。すると、なまじ友人のように授業で触れて予備知識を持っている人よりも、思わぬ方向から、鋭い質問が出てくるものです。また、問題を2人で一緒に考えることで、違った視点から理解を深めることができます。

67　親の「勉強しなさい！」が生み出す悲劇とは？

国民的漫画の『サザエさん』でも、父親の波平がカツオに「勉強しろ！」と怒るシーンが頻繁に出てきますね。親が子どもに対し「宿題をやりなさい」「勉強しなさい」と言う行為は、もはや日常の一部となっています。それに対し、子どもが「せっかく今からやろうと思っていたのにヤル気をなくした」と反撃するのも、もはや決まり文句です。

しかし、「勉強しなさい」と言うことは、本当に効果的なのでしょうか？

心理学者のトーマス・ゴードン博士は、「命令」、つまり（何かするように・しないように）と相手に押し付ける行為は、反論・反抗を生むと言っています。さらに、「説教」（何をすべき・すべきでない）はうんざりした気持ちを生み、相手を防衛的にさせますし、「提案」（勉強をしたら？）も、反抗或いは依存心を生みます。**人間は元来「自分は自分の意志で行動し決定している」と思いたい性質を持つため、「勉強しなさい」と子どもに言うことによって、プラスの結果を生み出すことは決してありません。**言っている方は自分の要求を伝えられてすっきりするのですが、言われた方は「言われたことと違う行動をしたい」という反抗心により逆の方向に向かってしまいます。また、依存心が生まれてしまうと、**ダメだったときに「言われた通りにやったのに」と感じ、責任を相手に押し付ける癖がつきます。**

それよりも自主性を育てた方が、子どもは気持ちよく勉強できます。教育学に大きな影響を与えたアメリカの心理学者マズローは、人間が行動を起こす動機は欲求であると考えました。彼が唱えた「欲求階層説」では、人間は本来認められたいと願う「承認欲求」を持つものだと言っています。だから、きちんと勉強したときに、「よくできたね」と褒めてあげることが大切です。認められ、欲求が満たされた子どもは、再度褒められようと勉強を頑張ります。また、認められると次は自分の能力を高めたいと思う「成長欲求」のステップに移り、自主的に行った行為で達成感を得たいと思うようになります。さらに高レベルの「勉強する動機」が生まれるのです。

受験期でも勉強する気にならないときはあります。赤ちゃんではないので、やるべきことはわかっています。承知のうえでやりたくないのです。そんなとき「勉強しなさい」と言われても決して勉強しようという気は起きません。ヤル気に水をさすだけで、悪い方向にしか向かわせない不利益な言葉なので、言いたくなっても我慢して下さい。

68 親は「ピグマリオン効果」を利用せよ！

人の思い込みの力がどれだけ強いかを顕著に表したものでは、「プラシーボ効果」が有名です。「これはよく効く薬です」と、患者にただのブドウ糖を飲ませたとき、思い込みにより本当に病気が治るというものです。製薬会社はプラシーボ効果を考慮に入れて薬の効果を試す「治験」を行わなければ、厚生労働省から承認されません。**ここからいかに脳の思い込みの力を勉強面で活かしていくのかがわかります。**

思い込みが結果を変えていくのかを活かしたものが「ピグマリオン効果」です。教育心理学で明らかにされた「期待することで勉強の結果が変わってくる」という現象です。

アメリカの心理教育学者であるロバート・ローゼンタールは、実験としてサンフランシスコの小学校で、生徒たちにテストを受けさせました。その際、名簿を見ながら学校の教師に「今後はAさんと、Bさんと、Cさんの成績がぐんぐん伸びてくるでしょうから、注意して見ていて下さい」と言いました。そして数ヶ月たった後、結果を見るとAさん、Bさん、Cさんの成績が本当に伸びていたのです。教師はロバートに「どうして彼らの成績が上がるとわかったんですか？」と尋ねました。ロバートの返事はなんと「生徒は適当に選びました」……実際、受けさせたテストは何の意味も持たないもので、生徒の名前もロバートが無作為に選んだものだったのです。

つまり、ロバートの指摘により**「教師による生徒を見る目」が変わったせいで、生徒たちの結果が変わったということです。**

相手に期待を込めて見守ることで、相手の脳は無意識のうちにその期待に応えようとし、結果、成績の上昇率が変わっていくのです。

似たもので「自己成就予言」というものがあります。全く根拠がなくても「あなたは勉強ができるね」「成績が上がりやすいね」などとあらかじめ良い評価を与えると、相手に自信が生まれてその期待に沿うような行動をとり、結果として良い成果を生むことを言います。実現する前にあらかじめ言葉にしているため、こうした名称がつきました。

思い込みは「潜在意識」にあるもので、人の行動に大きな影響を与えます。受験生に対し、期待を込めて褒めてあげることで、自信を持たせられれば、自然と勉強に向き合う姿勢が変わってきます。

69 「ゴーレム効果」が子どもの成績を下げる

「期待」すれば相手が良い「結果」を生もうとするピグマリオン効果という現象があるのならば、**逆の考え方も当然出てきます。それが「ゴーレム効果」と呼ばれるものです。**

ゴーレムとは泥人形のことですが、ユダヤ教では祈禱などの際に使われて、「真理」と書いた御札を貼ると言う通りに動いてくれる人形に変わります。役目を終えた後、その御札の1文字を消すと、ピタッと止まって、また元の泥に戻ってしまうのです。

「言葉を消してしまうこと」で「動きがなくなってしまう」、つまりマイナスに働く言葉の強力さを表しています。

ゴーレム効果は、「存在の無視は悪い結果を生んでしまう」という意味で使われます。存在の無視とは、ゴーレム人形でいう「言葉をなくしてしまう」ことで、本来なら動きまわれる能力を持ったものが、泥のように動かないものに変わってしまうのです。実際に、**教師がある生徒に対し全く期待しないことによって、生徒の成績を下げてしまうことがあります。**

「なかなか成績が上がらない」「こんなんでは受からないんじゃないか」というような意識で接していると、相手は、

「自分は勉強ができない、期待されていない」

と感じて、本当にその通りの結果になってしまうのです。

人間は、受け取る言葉・情報・態度により、意識的なものであれ潜在意識的なものであれ、行動が変わってしまうケースが数多くあります。そのため、**受験生に対する発言や態度にはできる限り気をつけて下さい。**

もし「あなたは成績が悪いから……」なんて言い続ければ、どうせ自分はダメだと思い込んでヤル気をなくしてしまい、結果として本当にダメになってしまうこともあるのです。

人間の脳は、思っている以上に言葉に左右されます。たとえ成績が悪くても、否定的な言葉はマイナスにしか働きません。**「やればできる」という期待を込めてあげた方が、実際に成績が伸びます。**

そう考えると、学校で「あなたは成績が悪いから東大は無理」と言い続けられた私は、随分と良くない環境にいたな、と思います。生徒側は周囲に何を言われようと、自分の中で「絶対受かる」という信念を曲げないようにして下さい。

70 「なぜ勉強するの？」という疑問に答えられますか？

よく「因数分解が社会に出てから役に立つか？」なんて言葉を聞きます。宇宙の研究に関わっている友人は今でも物理の公式を使っていますが、今、私は全く使いませんし、確かに専門職につかないなら、日常で因数分解を使う機会はないかもしれません。私も勉強する意欲が全くないとき、「なぜ勉強するのか？」と教師に聞いてみたことがあります。

そのときの返事は、

「学生が勉強しなくてどうするの？」

でした。全く答えになっていなくて、より勉強がイヤになった覚えがあります。

しかし、受験にきちんと向き合ったことで「なぜ勉強するのか？」の答えを得ることができました。

まず、因数分解は解答を得るための「手段」であって、覚えるのが「目的」ではありません。数学で、Ａという条件のもとにいて、Ｘという答えにたどり着きたい場合を考えて下さい。まずＡを因数分解してＢという数字を得て、Ｂを使って式を解析してＣを得て、というような段階を踏み、最終的にXという「結論」を導き出していきます。つまりXという目的地まで行く途中の「Bを得る」過程で、因数分解という「手段」が必要なのです。

異なる条件下では、因数分解しても数字Bが得られないかもしれません。でも、積分を試してみるとBが出てくることがあります。そこからCを通らずに、Dという経路でより簡単にXに行く方法もあるかもしれません。

「ローマへ続く道は1つじゃない」

と言いますが、それと同じで数学とは、自分の持っている「手段」を使ってある「目的地」に向かうまでの方法を何通りも考え、最良の道を選択する能力を鍛えるものです。

日常の中で、

「営業の成績を上げたい」「資格をとりたい」

といった願望を持つことは頻繁にあるでしょう。その願望を現実にするために役立つのが勉強で得た「能力」です。**目的地に至るまで、自分の持っている手段を使って最も効率的な道を選ぶ力、**

「こうすれば行ける、或いは行けない」

という論理的思考力が、受験により相当鍛えられました。

それはひとえに数学をひたすら解き、考えた経験のおかげだと思っています。日常の中では、「目的地に着く最良の道を2時間以上ひたすら考える」というような機会はそんなに持てません。実は受験勉強は、「考える力」を養う貴重なチャンスなのです。

他にも、受験勉強のおかげで、時間を管理する力、ストイックさ、努力する力、いつまでに何をするなどの「自己管理能力」も飛躍的に高まりました。**勉強は、一見すると日常から離れたものに見えますが、実はかなり密着した役に立つものなのです。**

いつか、あなたもお子さんや友人に「なぜ勉強するのか」と問われることがあるかもしれません。そのとき、私が教師に言われた腑に落ちない答えではなく、実りのある返事をしてあげてください。

最後に。この本を読んで下さった皆さんが、東大をはじめ、それぞれの志望校に合格できますよう心より願っております。

最新版　おすすめ参考書&問題集

――入試一般用（基本を固める）――

■「チャート式　数学シリーズ」（数研出版）

受験の定番と言われている。白、黄、青、赤の順に難易度が高いが、黄色と青が有名。私の周囲では青を使っていた人が多かった。

■「馬場・高杉の数学シリーズ」（マセマ）

何種類か出ていて、「初めから始める」（基礎）、「センター試験」、「実力up!」（二次試験）など、現在の自分のレベルに合わせて選べる。図も多く、説明がかなりわかりやすい。簡単に解ける裏ワザ公式も多数掲載。

■『大学入試　英語頻出問題総演習』（桐原書店）
略して「英頻」と呼ばれる。受験に出る英語の文法・構文はこれ1冊で大体身につく。

■「シグマベスト　大学入試の得点源シリーズ」（文英堂）
「○○○○の攻略で合格を決める」というタイトルのシリーズ。要点だけまとめてあり、薄くてすぐ読めるので全体を把握しやすい。化学、生物、物理、地理、現代社会、倫理、日本史、世界史、古典文法、漢文、整序英作文など、やたらたくさんの教科で出ている。私がやったのは化学と生物。

■『実戦　化学　重要問題集』、『実戦　生物　重要問題集』（数研出版）
定番。基礎から応用まで。化学はこれをやっておけば、大抵の問題は解けるようになる。

■『セミナー生物』（第一学習社）
この本のまとめられた暗記部分を全部覚えておけば、生物の知識は網羅できる。個人的に一番役に立った。

■「出口シリーズの国語」

国語で有名な出口汪先生の問題集は、かなりたくさんの種類が出ている。国語の解き方がわからない人は、自分のレベルに合わせて合うものを選ぶべし。有名なのは『システム現代文「解法公式集」』（水王舎）。

■『物理教室』（河合出版）

かなりわかりやすいと評判の問題集。分厚いため敬遠されがちだけれど、実際やってみるとスラスラ解けるとのこと。

■『橋元淳一郎の物理　橋元流解法の大原則』（学研）

基本を確実なものにする。物理がわかりやすくなる良書、とのこと。

■『山岡の地理B教室』（ナガセ）

短時間で終えることができるうえに、非常にわかりやすい。地理の定番と呼ばれるもの。

――東大など難関用（応用力をつける）――

■**「解説がスバラシク親切なハイレベル数学シリーズ」（マセマ）**

文系・理系（一橋など）、理系（東大、東工大など）が出ている。かなり難しい。私はこれの理系編をやった。

■**『大学への数学　新数学スタンダード演習』（東京出版）**

比較的古い時代の問題が多い。見たことがない問題を解くため、思考力が身につく。

■**『英文要旨要約問題の解法』（駿台文庫）**

東大は必ず最初に要約問題が出るので、対策として1冊はやっておくべき。

■**『ことばはちからダ！　現代文キーワード』（河合出版）**

難解な評論文に対応する力をつける。東大の現代文はかなり難しい文章が出るので、文系の人はやっておくべき。

■『新理系の化学問題100選』（駿台文庫）

相当難しい化学の問題を100問集めたもの。1問解くのにもかなりの時間がかかる。

■『難問題の系統とその解き方　物理』（ニュートンプレス）

難問が多いが東大受験者は必須と言われている問題集。通称「ナンケイ」。理系の東大受験者は生物より物理選択の方が圧倒的に多いらしいので、やっていないと差がついてしまう可能性が大きい。

―「どちらでも役立つ（一般的だが東大にも通用するレベル）」―

■英単語帳

『ＤＵＯ』（英作文と共に英単語を暗記）と『速読英単語』（文章を読んで英単語を暗記）をやっていた人が多い。私は『英単語２００１』（単純に英単語を羅列）。どういう形式で覚えるとしっくりくるかは個人によって違うので、人の評判よりもちゃんと自分で直接中を見て決めるべき。※刊行はそれぞれ『ＤＵＯ 3.0』（アイシーピー）、『速読英単語』（Ｚ会出版）、『英単語２００１』（河合出版）。

■『英文和訳演習　中級編』（駿台文庫）

志望校の入試に和訳がある人は、対策として1冊やっておきたい。

■『有機化学演習』（駿台文庫）

有機だけに集中した良問揃いの問題集。センター・東大レベルの有機はこれで充分と言われている。ただ東大の有機は簡単とも言われているので（私は苦手だったけれど）、難解な有機が出るところなら、これに加えてもう少し強化しておくと良い。

■「マドンナ古文シリーズ」（学研マーケティング）

古文の中で定番と言われている。私は使っていないが、周囲にはやっていた人がかなり多い。

■『田中雄二の漢文早覚え速答法』

漢文の定番。薄いのにまとまっているので、即戦力になる。東大漢文はそんなに難しくないので、これだけで良い、とも言われている。

■『詳説世界史B』、『詳説日本史B』（山川出版社）

学校で使う教科書にもかかわらず、これさえ完璧に暗記しておけば充分と言われているほど有名かつ有能なもの。

著者略歴

杉山　奈津子（すぎやま・なつこ）

静岡県生まれ。東京大学薬学部卒業。作家・イラストレーター。中学時代、うつ病を発症し、大学卒業後は実家にて休養生活を送る。その後、病状は回復し、現在は執筆活動や講演活動を行っている。著書には『鬱姫なっちゃんの闘鬱記』（講談社）、『「うつ」と上手につきあう本』（大和出版）、『偏差値29からの東大合格』（中央公論新社）、『うつ卒業レシピ』（セブン＆アイ出版）、『神様がつくった病 おばぁちゃんと私の認知症物語』（角川マガジンズ）などがある。

企画協力／有限堂制作所・山岸潮

角川 SSC 新書 181

偏差値29の私が東大に合格した超独学勉強法

2013年5月25日　第1刷発行
2013年8月29日　第8刷発行

著者　杉山　奈津子
発行者　馬庭　教二
発行　株式会社 角川マガジンズ
〒102-8077
東京都千代田区富士見1-3-11 富士見デュープレックスB's
編集部　電話03-3238-5464
発売　株式会社 KADOKAWA
〒102-8177　東京都千代田区富士見2-13-3
販売部　電話03-3238-8521
印刷所　株式会社 暁印刷
装丁　Zapp! 白金正之

ISBN978-4-04-731604-1

落丁、乱丁の場合は、お手数ですが角川グループ受注センター読者係までお申し出ください。送料は小社負担にてお取り替えいたします。

角川グループ受注センター読者係
〒354-0041
埼玉県入間郡三芳町藤久保550-1
電話049-259-1100（土、日曜、祝日除く9時～17時）